U0136942

大道無門　千差有路　透得此關　乾坤獨步

禪宗無門關

從門入者　不是家珍　從緣得者　始終成壞

（宋）無門慧開禪師　撰
聖　參　編譯

佛語心為宗。無門為法門。
既是無門。且作麼生透。豈不見道。

禪宗無門關

聖參編譯

序文

佛語心為宗。無門為法門。既是無門。且作麼生透。豈不見道從門入者。不是家珍。從緣得者。始終成壞。恁麼說話。大似無風起浪。好肉剜瘡。何況滯言句。覓解會。掉棒打月。隔靴搔痒。有甚交涉。慧開。紹定戊子夏。首衆于東嘉龍翔。因衲子請益。遂將古人公案。作敲門瓦子。隨機引導學者。竟爾抄錄不覺成集。初不以前後敘列。共成四十八則。通曰無門關。若是個漢。不顧危亡。單刀直入。八臂哪吒。攔他不住。縱使西天四七。東土二三。只得望風乞命。設或躊躇。也似隔窗看馬騎。眨得眼來。早已蹉過。

頌曰

大道無門　千差有路
透得此關　乾坤獨步

禪宗諸祖

菩提達摩—神光慧光—鑑智僧璨—大醫道信—大滿弘忍—大鑑慧能—南嶽懷讓—馬祖道一—百丈懷海—黃檗希運—臨濟義玄—興化存奬—寶應慧顒—風穴延沼—首山省念—分陽善昭—石霜楚圓—楊岐方會—白雲守端—五祖法演—開福道寧—大潙善果—大洪祖證—月林師觀—無門慧開。

目錄

一 趙州狗子

本則：趙州和尚，因僧問，狗子還有佛性也無，州云：無。釋義：趙州和尚因爲某僧問他說；「狗有沒有佛性？」趙州和尚回答說：「無有！」

講解：趙州狗子是本則的略稱。爲了方便起見。以後這四十八則大致都是用四個字來提攝。「因」的意思可以看做是某一個時間，又有把因解之爲親。此一問概有宿因。狗子是犬，子是助詞如衆所週知一切衆生悉有佛性。而偏偏趙州和尚的回答說無，這眞是當頭給了一棒。究竟來說，這一問是想把佛性擺出來在眼前，而趙州只答以無，則是把佛性的金身都隱藏在無的裏面。這一僧人摸索不到，給與了後世人探寶的機會。我們也只有在成盡了這個無的時候，而就沒有了自己。沒有了自己則天地就都是「無」了。而趙州和尚也就沒有了隱身之處了。此理要仔細參悟。

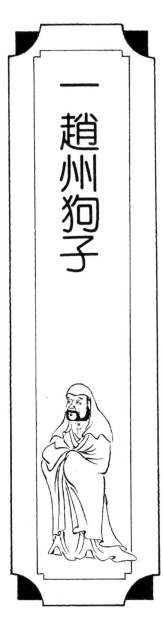

關於這一則在傳燈錄與其他各祖的語錄中，有種種的問答，然而這些都不是問題之所在。只是要我們把任何事物都放下，除了參究這個「無」字之外是別無他道。然後一切的事情就逐漸的都會明白了。大惠說：「趙州的無字是只舉了祇麼。」祇麼就是祇舉了這一個無字。如今所見的只是文字上的工夫。實際佛性是無始無終的靈體，是無所不至無所不有的。是無量無邊的，不是一個人應當私有的。佛有自在之義。不改其性就是義。無論何時都是不變的。我們的出世也是因爲看到了這一點。而是卽人卽佛的。「無」是一個標本。人能參悟卽可成佛，切勿要醉生夢死空留後悔啊！

拈提：無門曰：「參禪須透祖師關，妙悟要窮心路絕。祖關不透，心路不絕，盡是依草附木精靈。」且道如何是祖師關，只者一個無字，乃宗門一關也。遂目之曰禪宗無門關。透得過，非但親見趙州，便可與歷代祖師，把手共行。眉毛厮結，同一眼見，同一耳聞，豈不慶快。莫有要透關底麼，將三百六十骨節，八萬四千毫竅，通身起個疑團，參個無字。晝夜提撕，莫作虛無會。莫作有無會。如吞了箇熱鐵丸相似，吐又吐不出，蕩盡從前惡知惡覺，久久純熟，自然內外打成一片。如啞子得夢，只許自知，驀然打發，驚天動地。如奪得關將軍大刀入手。逢佛殺佛，逢祖殺祖。於生死岸頭，得大自在，向六道四生中遊戲三昧，且作麼生提撕，盡平生氣力，舉個無字，若不間斷，好似法燭一點便著。」

釋義：無門說：「參禪必須要透過祖師的關。妙悟是必須要窮絕心路。不能透過祖關，不能絕斷心路。則全都是依附於草木的精靈。並且要說如何才是祖師關，只是一個無字，乃是宗門的一關。也可以叫它是禪宗無門關。能夠透得過的，不但是親自得見趙州和尚，並且可以和歷代的祖師手挽手的同行，好像把眉毛厮結到一起，可以用同一的眼睛看，同一的耳朵聽。這豈不是最爲快樂的嗎？要透關底的有無，須將週身的三百六十骨節，八萬四千個毫竅，通通都起了個疑問，要參透這個「無」字。要晝夜去研究，不要當做是虛無的「無」去理會它，也不要當做是有無的「無」去理會它。這好像吞下了個鐵彈子，是吐又吐不出來的。蕩盡了從前的惡知惡覺，久之自然純熟，自然內外打成一片。好像是啞吧做夢，只有自己知道。猛然的打發出來，就要驚天動地，好像奪得了關將軍的大刀在手中，遇到了佛就殺佛，遇到了祖就殺祖，在生死的岸頭得到了大自在。向六道四生之中，得其遊戲的眞訣。並且要研究作的是什麼生活。用盡平生的氣力，舉出這個「無」字。如果不予間斷，好像是點燈，一燃便著。

講解：無門說：「參禪須透祖師關，妙悟要窮心絕路。」這就是說要想達到參禪的目的，必定要通過祖師的關也就是公案。能夠透過這一關，才能得妙悟。妙就是大自在之義。又有蘇生之義。蘇生就是絕後再甦醒。就是說而不能說的「善」之斟酌。所謂心路就是以前的意識之測度。究絕就是研究到頭了而沒有一點的殘留之處。滿身公案的最終目的乃是要忘却自己。無我的時候，天地也不屬於自己，如此才得成就偉大人格。

其次說：「祖關不透心路不絕，盡是依草附木精靈。」這就是如果不透祖師這一關，則人生的眞意義在於何處？金錢學問到頭來都是大苦惱的支付。不過是與草木同朽的一種有目鼻的東西罷了。只此一語恫嚇，促其吾人的慚愧，要了悟無門的滴滴之血才好。「且道如何是師祖關，只者一箇無字，乃宗門一關也，遂目之曰禪宗無門關」這一段是自問而自答，宛如以玉霰敲窗，驚覺睡眠。結局是須要透過「

無」字這一關。然後才能夠得上稱爲宗門的能者，只此卽是關中之主。通述本章的四十八則，只是這一箇無字。所以命名稱之爲禪宗無門關。無字是由自己所得的覺悟首先道出者。而無門所要言說的，也並不是只限於這一點。所謂參禪，參是參同，禪是單示成爲一事。比方說入於師家之寶，就要與師家成爲一體，這就是面面相對中心無影像。看天與天合一，望地與地合一。總而言之物我相親而成爲無間無隔。

「透得過者，非但親見趙州，便可與歷代祖師把手共行，眉毛厮結，同一眼見，同一耳聞，豈不慶快。」這一段是說眞正能夠得透過這「無」字，也就得道了。不但能夠是抓住了趙州和尚的手，同時也能夠是握住歷代祖師的兩手。於是就打開度衆生之門，豈不是壯絕快絕之事。至於眉毛厮結彼此相親，卽是萬事歸一。所見之處是綠柳，所聞之處是雀叫，厮是相同，眞所謂河流天地合，山色古今看。

「莫有要透關底麼，將三百六十骨節，八萬四千毫竅，通身起箇疑團，參個無字，晝夜提撕，莫作虛無會，莫作有無會。」

這一段是說要透關底也並非是容易。通身的三百六十個骨節，八萬四千個毫竅，這是古代毛骨的數法。疑團就是公案。此處仍然指的是「無」字。滿身對它起了疑惑，用參悟成爲一個。無與我合而爲一。總之兩人共同來思想，不能立卽吻合的。疑團的解開是世間的事。趙州和尚的禪也是世間的禪。疑團達到了極點，也就成了無有可以置疑的餘地了。此團正是情識得入的空隙都不許有的。提撕是用手提物而不能放下心去。乃是要鍛鍊行住坐臥這個「無」的境界。我們把它看做是正會相續也就可以了。會是理會，也就是己見。狹隘的量見。此「無」既不是虛無絕對之「無」。也不是有無相對之無。它是不及於思慮分別之處的。總之是驅逐了一切的「無」，不能着手的「無」。本來也不是着手之物。

「如呑了個鐵丸，吐又吐不出。盪盡從前惡知惡覺。」在熾熱的時候，呑入了鐵丸，只許呑進而不許吐出，不起餘念，滿身只是一個「無」的時候，則從前所起的妄想皆爲淨盡。精神感到輕鬆愉快。然而並不在此處歇脚。仍然不變的這個「無」。在事事物物成就了的當中，此成就之物也不存在了。此處卽所謂要不絕的追究心路上的妙悟。大惠曰：「求心無處更何安，嚼碎通紅鐵一團。」

「久久純熟自然內外打成一片。如啞子得夢，只許自知。」如此用功，則工夫亦不後存在。愈益達到純熟眞的境界，自然天地成了一塊，求自己亦不可得，內外何處，皆成一片。手之舞之，足之蹈之。除自知之外更無人知。千個聖師也不能教導。如啞吧做夢，只有自己知道。對人不能說出的。「歡喜是包在從前的袖中，今宵我身亦無餘了。」

「驀然打發，驚天動地。」猛然的向外發展出來的時候，則一舉一動都是宇宙萬有的，到處都是「無」的領域。又有何者可敵，這一大勢力眞可驚天動地。

「如奪得關將軍大刀入手，逢佛殺佛，逢祖殺祖，於生死岸頭得大自在，向六道四生中，遊戲三昧。」

彷彿像奪得了關公的靑龍刀一樣，當我目前者是無有任何的。就是佛在我面前也是汚穢，也要把它斬却，就是祖師，也是背後妨害物，也要把它殺掉。殺盡一切，天下太平，生亦「無」之一時，死亦「

無」之一時。脫落在任何地方任它脫落，禪者把生死看成如春日的百花。入地獄如同是遊公園，無論順境、逆境，何地何所，宛如小兒遊戲別無餘念。三昧是正受之意，就是按其本意而成就，餘念不交之意。

「且作麼提撕。」是如何去思考才對呢？這是又返復的追問一句如何做人。

「盡平生氣力舉個無字。」仍與以前所說的盡到畢生的精神，一點無餘的去成就這個「無」字。除此以外，別無他道。舉是舉起之舉。

「若不間斷，好似法燭，一點便著。」如能寤寐合一的去追求，則忽然豁然大悟，始知古人不我欺也。譬如千年的闇寶，在一刹那間點起燈光，則忽焉破闇。快快點起來，人人皆有本來的法燭。只是點起這個「無」來。盡十方界悉是自己的大光明。法燭是古來的說法。凡是佛家用的東西，都可以冠上法字。蠟燭、油燈，都可以叫做法燭。現在用電燈在佛前點著，也可以冠以法字。

頌：狗子佛性，全提正令，纔涉有無，喪身失命。

釋義：狗子佛性，是全部的提綱正令，如果將一關係到有無二字，那就喪失了身命。

講解：狗子佛性是把本則縮成了這四字。卽就是一個「無」字。全提正令，也是一個「無」字，佛性整個提出，由正面下達命令。這正是「盲者不見，非日月過。」因此在本則之後又有四句頌語。下兩句是警戒愚蒙。「纔涉有無，喪身失命。」這意思是對於事物切莫分別，一涉有無分別，則功虧一簣了。你說是有，這只是有氣的死人罷了。我們除了對無門的徹困，發生感泣之外，別無他法。你說是無，在無的時候也不是無。無之一詞也是語障，我人眞正不思及無的時候，那才是無。那只是無。彷彿那是物那只是物而已。不想就拍手大笑了，爲了成就我人的一種手段，不過暫時借用這「無」一聲罷了。這也是一法。只是能夠忘却了自己則卽已足矣。不可嫌棄，所以古人强以爲然的命令都是不對的。舌如此，其他眼耳鼻身意亦莫不如是。趙州和尚是釋迦以來三十七代的祖師。南泉的法子，馬祖之孫，十八歲時候成了大悟生知的偉人。由六十到八十去再行脚周遊各地。他嘗說：「卽今是七歲童子，若勝我者，我卽問彼，百歲老翁不及我者，我卽教彼。」參山拜林，滿身只是菩提心，活了一百二十歲。成了七百甲子的老宗師。一年有六甲子，一百二十乘六恰是七百餘之數。趙州禪師是口唇皮禪，自成一家之風。雖有多少英傑，由口中自由說出棒喝之手段者，尙是前所未聞。雪竇和尙是孤危不立道的高僧，他問：「如何是道？不是牆外的道，是如何的大道。」趙州答：「大道透長安。」徒衆僅有二十人。房柱傾斜，食臺折斷，米穀不濟之時，就去山中撿食野生之實。就是這樣養他的道骨。其中接得一個半箇卽是可以慕戀的操行。十二時中常作歌曰：「料想上方兜率天，也無如是日炙背。」後人讚曰：「嗚呼稽首知音稀，趙州和尙眞古佛。」

二一　百丈野狐

本則：百丈和尚。凡參次。有一老人。常隨衆聽法。衆人退。老人亦退。忽一日不退。師遂問。面前立者。復是何人。老人云。諾，某甲非人也。於過去迦葉佛時。曾住此山。因學人問。大修行底人。還落因果也無。某甲對云。不落因果。五百生墮野狐身。今請。和尚代一轉語。貴脫野狐。遂問。大修行底人。還落因果也無。師云。不昧因果。老人於言下大悟。作禮云。某甲已脫野狐身住在山後。敢告和尚。乞依亡僧事例。師令維那白槌告衆曰。食後送亡僧。大衆言議。一衆皆安。涅槃堂又無人病。何故如是。食後只見師領衆。至山後巖下。以杖挑出一死野狐。乃依火葬。師至晚上堂。舉前因緣。黃蘗便問。古人錯祇對一轉語。墮五百生野狐身。轉轉不錯。合作箇甚麼。師云。近前來。與伊道。黃蘗遂近前。與師一掌。師拍手笑云。所謂胡鬚赤。更有赤鬚胡。

釋義：百丈和尚在參佛講道的時候，有一個老人也隨着大衆聽法。衆人退堂，老人也退堂。忽然有一天他沒有退堂。禪師遂問他說：「面前站立的是什麼人？」老人說：「是我，我不是一個人。我過去在迦葉佛的時候，就曾住在此山中。因爲有修學之人問我，有大修行根底的人，還落不落因果呢？我答覆他說不落因果。於是我就墮落成爲五百世的野狐之身了。現在我請求和尚代爲作一轉語，最好是脫掉野狐之身。我請問究竟有大修行根底的人，還落不落因果。」禪師說：『不昧因果』老人言下大大覺悟。作禮而言曰：『我已脫却野狐身，住在山後，敢請和尚，也按照亡僧的事例，給我追薦接引一下。』禪師告訴維那師敲白槌示衆曰：『吃完飯以後送亡僧去。』大家都紛紛議論，其中有一個人說：「涅槃堂裏又沒有病人，送的什麼亡僧？』吃完飯之後，禪師率領大衆，到山後面巖崖之下，以杖挑出來一隻死了的野狐狸。當下就把牠火葬了。禪師到了晚上上堂說法，舉出野狐以前的因緣。黃蘗禪師便問曰：『古人衹因對答一句轉語的錯誤，就墮落成五百世的野狐之身，那麼如果轉語不錯，應當作個什麼？』禪師說：『你近前來，我給你說。』黃蘗於是向前就給了禪師一掌，禪師拍手笑曰：『我將要說紅鬍子，誰知更有鬍子紅！』」

講解：百丈野狐這一則是以大修行根底爲經，而以深信因果爲緯的一大難題。這是豫先有說明因果論的必要。經中曾說：「欲知過去因者，見其現在果，欲知未來果者，見其現在因。」因果分明如此，又何疑焉。所以世界眞是一個因果的大博覽會。古今來都是因果的道行。在大論中說：「只有因果無有人。」剎那剎那的因果充實，欲求自己而不可得。只有處於順境或逆境，都任其因果而安住不稍動心，則是萬全之計。卽今圓因果滿之當體，除此之外一不可說。知者不說，說者不親。自由之國而無自由之聲。老人是什麼？百丈又是什麼？非人、非狐、非神、非佛，只是因果而已。問者是因果，因果來問因果，這是雪上加霜。答者是因果，因果向因果回答，這是頭上安頭。墮落的地獄又在何處，破戒比丘不墮地獄。是不離當處的阿陀。上昇的天堂又在何處。清淨的行者不入涅槃。極樂也是去之不遠。卽時卽地因果歷然不爽。不落是名。不落是眞理，認著了此點，總都不是，擔負起這些，就是金鎖玄關。認清了無念卽是有念。好事不如無事。毫釐之差卽千里之謬，成了五百生的野狐。錯錯蕩蕩的那是江湖的野狐。大網禪師有言，大方之世，捨人在心，著衣是狐。雪竇叫做一狐疑又狐疑。一聲被喚「不昧因果」，忽然忘却了自己，則任何事都與我無關。不爲名字所繫縛。不落既非惡，不昧亦非善。正當稱喚不昧之時，其人之境界卽行到達了熟脫的時節。因此認識了不昧與不落是相同的。不認識不落也與不昧是相同的。今日之人必定要執着於不落不昧，則不昧也就成了野狐的眷屬。古人說：「因不落而成野狐之誤，今不昧再兩次脫落。打破了墮脫，我與你相見。咄！」

狐能安住於狐境不羨其他之時，此卽是佛。人而不能滿足人之境遇而逐求不已的時候，那就是狐。我們看看岩下之狐脫落了之後，既未增一毛，亦未減一毛。生如此鳴而死亦相同。不風流處也風流了。所以要求按亡僧的事例追薦牠一番。百丈的看法，無論是狐是僧在安住的一點上，因果是一分都不錯的。安住達到了極致，則就成了忘却自己的境界。就是兀兀打坐的境界。有的時候謂之無，又叫做隻手之聲。又叫做本來面目，本章第二則就是第一則的證明。第三則就是證明第二則。乃至一疑破而千疑萬疑皆破。這叫做萬里一條鐵。迦葉佛是釋迦以前的佛。無論是久遠的古代，或是一時之前，其時間並無分別。而是悠然自在的由古至今而來。古代是江山流水，而現今也是江山流水。古代人是眼橫鼻直，而現今也是眼橫鼻直。過去的現在與現在的現在是因果歷然不爽，現在的現在與未來的現在仍然是因果歷然不爽。無論是今昔，除了因果之外是別無他物。何必又單說什麼久遠的迦葉佛？五百世的野狐身是一個長時間，無論到什麼時候都不落於這生變死變的業習之中。

所謂有大修行根底也就是心胸廣濶，開啟天地大間之人人。這就是松老雲閒曠然自適的境界。

百丈禪師的勸進之法，先以狐之閒話爲此天地大戲劇之序幕。中幕是上堂說法黃蘗問道的一段。使我們觀劇的人倒揑着一把汗。至於以下的無門評唱也很重要。這是旁觀者的結語，實在可以說是壯絕快絕的事。我人必須把這一則看做是以天爲幕以地爲壇的空前絕後的大話劇。

其次談到此則的內容，無處不是說法，老人在衆人之後熱心諦聽。大衆退而老人亦退這是常。某日因事而不退，這是變。百丈問曰：「面前立者是什麼人？」老人答曰：「是我！」在回答之時多少帶有落淚之容。老人被問是了此一段因果。「實在我並非是人。從前我也是在此百丈山中住職而握有法柄之人。某日有學道之人問我，有大修行根底之人，是否可免受因果的支配。是否要墜入地獄。彼時某以不落因果回答，終于墮入這一長期無底的野狐深淵之身。我願請給與代替這『不落』的一句轉語，使我脫却這野狐之身吧，而成爲學道的人格吧！」百丈在此其間不能容髮之際，叫出「不昧因果」四字。老狐俄然大悟。此時他既非是老人也非是野狐了。而百丈也並非是百丈，只有一聲堂堂的甘露，誠令人歡喜的手舞足蹈。

老人作禮曰：「多謝禪師，我既得脫釋狐身，亡骸在於山後，我更希望依僧侶一般的方式舉行葬式。」於是老人就消失了。後來欓隱曾著語曰：「果然野狐露本形。」百丈禪師點頭應允，命令維那僧敲白槌，報告大衆午飯後，追薦新亡，舉行葬式。大衆彼此交語說：「近來大家都很健康，病室並無得病的和尚，何來薦亡之事。」這是大衆不得要領，百丈率衆人到山後岩下，以杖挑起死野狐身舉行火葬。此事之有無姑且不論，總之這一段事故使大衆都得了覺悟，則是皆大歡喜的事實。這正是「貪見天上月，莫失掌中珠。」此一序幕終了再說到中幕之事。

到了晚間禪師上堂，舉出野狐前因以爲說法之材料。舉示不落不昧一部的終始。四週尋視一番，察看還有沒有在說法的戰場中高舉得勝之旗的人？

黃蘗便問道：「古人祇錯對了一句轉話，就墮落成了五百世的野狐，要是轉轉不錯，應當成個什麼？」黃蘗身高丈六，額前有拜參之肉瘤，看起來是有多年的修持工夫，百丈平日也是很爲器重之僧。他說：「古人（前百丈）錯轉一語，墮入五百生野狐，若是轉對不錯，結果如何？」這第一問就問着了狐卽是佛。其次的問答是含有狐既脫却皮毛却又穿上衣物，着上金箔，於是又使人迷惑了。這正是：「有情無情，同時成道，長者長法身，短者短法身，人畜草木一一皆大光明，一一皆是歷歷因果。」這當然無有錯誤，也無有迷惘，不言而喻，可以收場了。

但是禪師說：「你近前來，我對你說道。」黃蘗遂近前與禪師一掌，師拍手笑云：「將謂胡鬚赤，更有赤鬚胡。」百丈眞是了不起，他認爲黃蘗不說一之道，就叫他近前來，先要給他一之道的一巴掌。但是黃蘗則搶先一着，臨機不讓師擧手不留情了先給了百丈一巴掌。這就是「大機的百丈，大用的黃蘗。」點滴不漏，函蓋乾坤，只有喜悅滿面，揚溢拍手。百丈大笑曰：「我本來想說達摩的頭髮是紅的，誰想更有紅鬍子的達摩呀！」半斤八兩，彼此一樣，我要打他，他先打我，只有賊知賊，一句話證明了。赤鬚胡本是指賊人而言，此處解成紅髮達摩也未爲不可。

笑有幾種笑法。大論擧出來了五種。卽是歡喜、瞋恚、看見奇怪的事、輕視他人、感覺羞恥。這一拍手之笑是有無之笑，表示同情之笑。正如切腹的時候旁邊看的人有證明之笑。是知音同情的笑。是追根徹底之笑。笑是禪宗的專賣，如藥山禪師登山乘明月的大笑，一村皆聞。現在這一拍手之笑是證明歡喜與知音之笑。

拈提：無門曰。不落因果。爲甚墮野狐。不昧因果。爲甚脫野狐。若向者裏。著得一隻眼。便知得前百丈。贏得風流五百生。

釋義：無門說：「不落因果爲甚麼就墮入野狐之道呢？如果往裏著得一眼，便贏得了前於百丈的古人。知得了這風流五百世的因緣了。」

講解：這是很重要一幕的看法，不落因果只這是「因甚麼」三字，乃是宗門的字眼。要說不落因果則既不是狐也不是佛，也不能由狐身長出兔子的一根毛來。要說不昧因果，何以就脫却了野狐。卽令一日之間不昧因果，也不能拔除野狐的一根毛。只是說了這一聲不昧因果，就打落了墮脫之瘤。這眞是痛快事。望月觀花渡生活，卽成佛境之身。但是月有在鑊湯爐炭中之月，花有千軍萬馬間之花，於是如前所說的不落因果而得咎成狐，不昧因果而兩度脫却狐身之理，就可以愈益判明了。「若向者裏著得一隻眼，便知得前百丈，贏得風流五百生。」明瞭了這一段話，狐亦有知足之處。古人（前百丈）的懇切態度，可以說是得了佛見法見。更有何物能敵，其風流鼎盛是所當然。說五百世是愚蠢，這大槪是爲未來的時間拜託拜託拜託萬福萬福。南泉云：「三世諸佛不知有，狸奴白狐却知有。」

「者裏」是此中的意思，是爲甚麼三字的註解。「者裏」當體全是此物卽此物。五明曰：「俳偕在其中，梅柳一隻眼，非橫惡眼，乃正法眼。」

頌：不落不昧、兩來一賽、不昧不落、千錯萬錯。

釋義：說不落不昧，是兩般彩色一同賽目，說不昧不落，是錯之毫釐，謬之千里。

講解：不落不昧（著語曰狗子佛性），在正眼看來都是共同這個一聲而不着手的兩來一賽，（著語曰全提正令）是用同一競賽的眼目來看事物。這就是無處不是因果，無時不是因果。要探索到這以外的大修行根底。至於說不昧不落，（著語曰纔涉有無）則雖有毫釐之意，而自救不了，無論如何也不及格。本來是不及言思的。千錯萬錯（著語曰喪身失命）是彼此失利。錯錯是錯，錯錯總錯。百丈野狐，野狐百丈。埋作一坑，伏惟尙享。

百丈禪師是由釋迦以來第三十六代祖師。是馬祖的法子。百丈與南泉是師兄弟。是趙州和尙的師叔輩相當。他在百丈山百丈大岩石上坐禪。當時人無以名其人，就以其處百丈之名以名之。趙州也是地名。百丈有一天和馬祖同行。看見野鴨飛去，他問飛往何處？馬祖答曰：「飛去了。」這時候馬祖狠命的在他的鼻子上揑了一下說：「不是在這裏嗎？」於是禪師就忽焉忘其所知，也不得自由。後來他又參謁馬祖，被馬祖對他耳朶大喝一聲，三天耳朶聾的什麼都聽不見了。於是他把自己成了全忘。從此之後他立誓：「一日不作，一日不食。」每天拿着鐵鍬鐮刀到田間去耕作。活到了九十五歲。他的弟子們感覺心裏過意不去。偸偸的把農具給他收起來，他於是就不進飲食等待死亡。他說：「努力工作的時候並非是我，只有在無我的時候則宇宙都是我。一擧一動都可以成爲得救，實行工作就是活的說法。」他除了流淚以外不說一言。百丈禪師立下了百丈清規。包羅了禪宗一切的規則。我們常說「二祖忌」就是指的達摩與百丈。足證其功之大。黃蘗是百丈弟子中的皎皎者。「維那僧」是梵語卡魯瑪達那。卽是綱維之意。他是知道事之次第者。他還指授大衆來作事。又依綱維之意，使大衆歡悅。使堂中大衆安樂修行，是擔任修行中的領導責任。「涅槃堂」是病室，又叫省行堂、延壽堂。

三　俱胝豎指

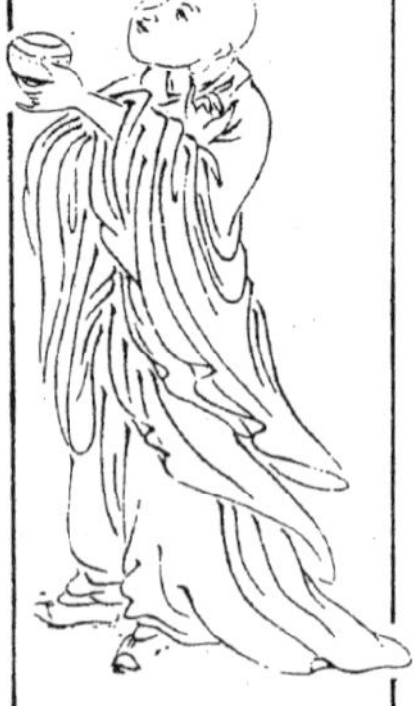

本則：俱胝和尚，凡有詰問。唯舉一指。後有童子。因外人問。和尚說何法要。童子亦豎指頭。胝聞遂以刀斷其指。童子負痛號哭而去。胝復召之。童子廻首。胝却豎起指。童子忽然領悟。胝將順世。謂衆曰。吾得天龍一指頭禪。一生受用不盡。言訖示滅。

釋義：俱胝和尚凡是有人來問道於他，他只豎起一個指頭來作答覆。後來有一個小童子，因爲有人問他說：「和尚說的是什麼法要。」小童子也效法俱胝和尚豎起一個指頭來答覆。俱胝聽到了這個消息，就拿刀把小童子的指頭剁斷了，小童子痛的大哭而去。俱胝又叫他站住，童子回頭一看，俱胝和尚又豎起他的手指，童子忽然有所領悟。於是俱胝即將要辭世死去而對大衆說：「我得天龍一指頭禪，一生受用不完。」說完了就滅渡而去了。

講解：俱胝和尚在當初未曾悟道的時候，有一個尼姑來說實際之法。尼姑戴笠繞着禪床走了三圈說：「如果得道，我就停止。」俱胝不知所答，尼姑不高興的拂袖而去。俱胝悲憤不止，說：「我本是丈夫之軀，反而劣於女子。」於是他便捨棄庵寺遍訪各地。有異人來勸他不要出走。經過了十天天龍和尚來到，俱胝泣告前情。天龍只豎一指，俱胝忽然大悟。這誠然如孔子所說的「不憤不啟，不悱不發。」俱胝於此可見。俱胝猛省，恍然大悟。有人問曰：「然則當時應向女尼作何答覆才對？」有人說：「女尼戴笠入庵並不違背此處之法度。」又有人說：「不對她施行强暴，請她洗脚休息好了。」又有人說：「開她一個玩笑如何？」諸如此類可以說都中禪機。只要我人自己胸襟廣濶，蓋天蓋地，不向他人模做效顰，則即不入地獄。

所謂豎起一指是如何的佛法，有人發問。這就等于是問把你燒成了灰埋入土中再來問你把心交來，或是像白隱禪師的隻手之聲的問案是同樣的有趣說法，是無法加以說明的。這正是豎立一個指頭的妙處。這就是一金萬器，萬器一金。誠如莊子所說天地為一指，萬物為一馬的道理。而又何必說明，是誰都具有的。正是禪語所說的「咄！鴛與青龍不解騎。」

果然是童子做効俱胝而賣弄禪法。所以俱胝也只好如孔明揮淚斬馬稷的手法，斷掉了他的一指。童子呼痛號叫而去，俱胝又叫他停住。童子回顧俱胝又豎起一指，童子此時見了忽然大澈大悟，忘却了滿身的創痛得了大藥醫去了心病，雖然捨掉了一指，却得了無限的生命之樂。誠如雪竇所說：「宇宙空來更有誰」。此時應當破格的奬勵俱胝和尚一下，玄沙和尚行脚過嶺的時候，脚指被石頭所碰，流血不止，很是苦痛。但他忽然猛省曰：「是身非有，痛自何來。」這又是盡十方法界明珠一般的光明呼叫。誠如禪語所說：「舉一隅不以三隅反，則不復也。」

天地是一指，一指是天地。能夠受用盡天地者，可以說到處都是俱胝的活潑潑的土地。但是看不見的人仍然是看不見的。順世是說死去的事。實在說死也並非是死。不過是波平又變爲水而已。而不再興起波浪，且叫做順世。白隱禪師死前他說：「老僧暫時不在。」童子是說未曾犯戒的沙彌，不言其歲數，眞如一個善財童子，又有人疑惑到童子是指十二歲左右的兒童而說的。

拈提：無門曰。俱胝并童子悟處。不在指頭上。若向者裏見得，天龍同俱胝，幷童子與自己。一串穿却。

釋義：無門說：「俱胝和童子兩人的覺悟，並不在於指頭上。若向這裏去觀察，則天龍、俱胝與童子和我們自己都可以一串的穿起來了。」

講解：指頭是後加的名詞，所有之物（可以說是四大都是佛性。）都是一個。只有在此刹那，才能忘却了自己。在萬物成物之前，卽是忘却自己的時候，何一物不是我自己？顧不限於一個指頭而已。

都是這裏，在詼諧之中有文章。向蓮花葉上小便，尿珠豈非是舍利。（者裏）何處不是者裏，不僅指頭，天、地、俱胝、童子，乃至生、死、老、病，都是自己和這一個指頭所接觸的田家之樂。勘破了勘破了。

頌：俱胝鈍置老天龍。利刄單提勘小童。巨靈抬手無多子。分破華山千萬里。

釋義：俱胝比較天龍來得捷便，用利刃單單的勘破了小童子的迷惘，總令是巨靈之神一抬手也沒有多大力量，但得道者則好比像分破千萬里的華山一般的偉大。

講解：佛道是在人人的脚下，被道所阻礙的，可以當處明了。被悟所阻礙的，當下卽可圓成。所謂阻礙都是說在事物完成之後的事。一切飢食困眠，咳唾掉臂不曾假借他人絲毫之力量，更又何必竪起一指，天與俱胝都是弄人的表現。玄沙和尚說：「我當時若見他竪指，我就把他的指頭拗斷。」這眞是快人快語。

利刃單提勘小童，是對小童子表示可愛，才給了他這一刃物三昧，這好像是鬼子母神故弄恐怖。巨靈抬手無多子，分破華山千萬里，巨靈神是有不可思議的大神通力，但在我眼中看來也直如微塵，完全不過是自己之「有」，沒有恐懼之必要。日本的宮本武蔵說過：「儘觀乾坤如一庭，我住天地之外社。」一氣派之大直如一巨靈之神。巨靈神一抬手可以遮山，可以分破華山，中國神話，山川河流都是由巨靈神所劃分出來的。形容悟道後受用之大不亞於巨靈之神，但是總令巨靈神能令虛空消殞鐵山碎，也對我是無絲毫力量的。彷彿我們肚子餓了有作飯吃的大神通一樣，有什麼稀奇呢？所以我人只要悟道，則又復何求。

四　胡子無鬚

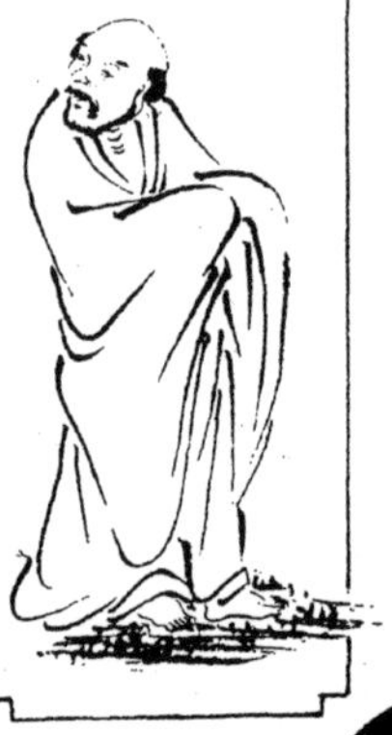

本則：或庵曰。西天胡子。因甚無鬚。

釋義：或庵說：「西天的胡子，爲甚麼沒有鬍鬚？」

講解：達摩爲甚麼沒有鬍鬚，因甚二字成了五祖以下的暗號。鬍鬚是汚穢之物。指的菩提煩惱等等的名相。九年面壁一字不說，兀兀大地悉是非思量之當體。鬍鬚在於何處，把頭上脚下好好的探索一下，原本卽是無有，因甚又去打消。這一問答豈非是超越了範圍，「因甚」是有宗旨的。如此說來有鬚也是無鬚。無有再比「無」之大者。認爲是「有」則是有限度的。無鬚之無，則一根無鬚可以連結須彌山與我之室內。非思量就成脫落。除不之非無非，卽是兀坐之底，卽是本來面目。

拈提：無門曰。參須實參。悟須實悟。者箇胡子。直須親見一回始得。說親見早成兩個。

釋義：無門說：「參禪須要實實在在的去參，悟道須要實實在在的悟。這個鬍子直須親見一回才能有所得，可是一說親見早就成了兩箇了。」

講解：所謂「實」是「有」，那就是霜枯三月花，三月誰都願來。但是要眞正的做，要確實的做，天桂和尚在臨死之前說：「汝等要脚踏實地。」這就是說要實實在在的生，實實在在的死。君子素其道而行，而不顧其外。在死的時候而想生是非常痛苦的。實卽是悟，參禪入寶，要顏顏相對而中心無有影像。

總之人人都想看見活達摩，對於沒有看見的人去談話等於水上之蘆葦是無有根據的。說親見則早成爲兩個，是親見的時候，卽非親見，完成的時候就不是完成了。說見着卽是和尚的影子。物與我卽成爲二者。將見者白雲萬里，退步一番，跳佛地矣。不可進而向前進，卽是退步之字義。一枚之物，則所向都可進退，大喝一聲曰：「百雜碎」。（百樣雜碎，則愈多愈紛擾矣）

頌：癡人面前。不可說夢。胡子無鬚。惺惺添懵。

釋義：在癡人的面前，不可以說夢，說胡子無有鬍鬚，是明明白白的自己給自己添上懵懂。

講解：在菴殿之中尚且還對癡人面前說無根無葉的夢囈故事，這是不應當的事。說鬍子無鬚，正是有鬚。是暗然的模樣大膽語。這就是見而未寤，死着於文句，無門的淚則正是大活現前，懵懂是闇，懵懂卽是無智。

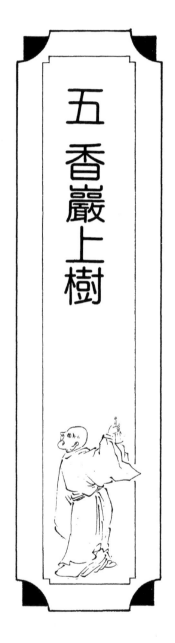

五 香巖上樹

本則：香巖和尚云。如人上樹。口啣樹枝。手不攀枝。脚不踏樹。樹下有人。問西來意。不對卽違他所問。若對又喪失身命。正恁麼時。作麼生對。

釋義：香巖和尚說：「比方有一個人上樹，口中銜啣着樹枝，而手則不攀握着樹枝，而脚也不踏踏着樹枝，這時候在樹底下有人問祖師西來的意義。樹上的人要是不答覆就違背了樹下的人之發問，如果要是回答就開口喪失身命。在這麼個時候，作怎麼個對答呢？」

講解：如果有人在樹上用嘴咬着一個樹枝子，身子吊在半空中，手脚都不攀踏樹幹，這時候如果有人在樹下問他佛法的大意，他若不答，就不得救，他若回答，就落地而死。正在這個時候應當如何回答才能得救，這就是以前所說的要究心路絕，就正是此處。「正恁麼」就是「正如是」，只有看見了「如是」，不禁的拍手大笑了。

拈提：無門曰。縱有懸河之辯。惣用不著。說得一大藏教。亦用不著。前若者裏。對得着。活却從前死路頭。死却從活向路頭。其或未然。直待當來。問彌勒。

釋義：無門說：「縱然有口若懸河的辯才，也都用不着。縱令說了一大藏的教，也都用不著。若是向這裏，就是對得著。使以前的死路頭得以活了，使以前的活路頭得以死了。如果以爲這樣還是不夠，那只有等着將來問彌勒菩薩吧！」

講解：這一個問難總然是有二百次問，兩千次答，即令是有普賢菩薩的辯才都是沒有用的。縱然記得了一切的經典縱說橫說，像阿難尊者的智慧之高，但這都是生後的分別，如果不能捉摸到未生以前的面目，是不能交談到一起的。若如此的對答，是功德無量。以前未死透的人要大死一番才能有大活現前，以前是半青半黃的東西（表示沒有熟透）要把它殺透，不滯在於活路得到了洒脫自在。住着在路頭悟的邊緣是終日的彷徨。

如果到現在還不能了解澈底，那就只有等待五十六億七千萬年後彌勒佛出世的時候再爲說個明白。那就只有坐在井裏等待吧！佛有三輪說法，一、身輪說法，即是無論逆境順境任其物之活動，自己要忘却自己之姿態。日人二宮金次郎說一部論語不是口說都是身說，其意義即在於此。二、口輪說法，這就是口之說法。三、意輪說法，無論是身說口說總應多加忖度。要日夜碎其心要在人不知處思惟。要深自懺悔自己過惡，自忖自覺自嘆自知。「輪」的意義有碎破煩惱，運載菩提之二義。只說事物則即非說法。卽古人所謂：「君子無終身之間違仁，造次必於是，顚沛必於是。」滿身的菩提心終必得救，「死」也是得救，不死就不生。虎關國師曰：「莫啟我手，其人如玉。莫啟我足，脫體現成。」

頌：香巖眞杜撰。惡毒無盡限。啞却衲僧口。通身迸鬼眼。

釋義：香巖和尚的造作眞是無限的惡毒，使衲僧（無門自稱）遇此場合也無法說話，通身都已冷却只有作出鬼眼來瞪目結舌了。

講解：香巖和尚是無風起浪，强人用藥。此世幾千盲人都中了這一公案之毒。衲僧經此一問，也是啞口無言，通身冰冷。只有瞪眼結舌，心中慚愧。然而坐下四周一望，不覺如在雞羣得見一鶴，「杜撰」是杜默撰述八陽經，其中說「龍」的記載很詳細，但都是臆造假託而無所本。「懸河」是說瀧水之音。比喻人之善辯。香巖和尚是潙山門下，因他答覆不上父母未生已前的眞面目是什麼？而立誓今生不再與潙山會面。遂入武當山尋覓大證國師的遺跡而結庵參悟。種竹以爲友，某日他掃路時候瓦礫碰擊了竹樹戞然作響，於是豁然大悟。他信口拈來：「一擊亡所知。」所知的「所」，就是他所向之境。「知」就是當下的意識。能夠認識了這一點則天地卽成了一元。生禪之境亦非難事，無字、聲境與舌根就都成了一物。

六 世尊拈花

本則：世尊昔在靈山會上。拈花示衆。是時衆皆默然。惟迦葉尊者。破顏微笑。世尊云。吾有正法眼藏。涅槃妙心。實相無相。微妙法門。不立文字。教外別傳。付囑摩訶迦葉。

釋義：世尊往昔曾在靈山會上，手拈鮮花給大衆看。此時大衆都默然不答。惟有迦葉尊者，會心的微笑。世尊說：「我有正法眼藏，涅槃妙心，實相無相，微妙法門，不立文字。教外別傳。付囑給予摩訶迦葉。」

講解：這一則是禪宗的紀元節。不能不加以辯別。如果我們不知道祖先之事，那就是不幸的子孫。卽所謂祖禰不了殃及兒孫。古來傳說世尊有三處傳心。第一是在多子塔前分給迦葉半座，使大衆喫驚。第二是卽今之拈花微笑。第三是在在沙羅樹下的棺材下面，兩膝盤趺而坐，等待後來的迦葉垂示遺囑。

這可以說是敎者任命了的的相承的法師，使他負起代代相傳的責任。這好像把一筒水傾注到另外一個筒裏一樣。此外像大梵天王問佛決疑經，是眞是假，都沒有什麼關係。只不過都是看成如是好了。如是之事，乃由如是之因而來。天下豈有無因而結果的。

世尊昔日在靈山會上拈花示衆，這一句的意思，先說世尊當然是指的釋迦牟尼佛而言。靈山梵語是耆闍屈山又譯爲靈鷲山，在麥迦陀國王舍城附近，其形似鷲。法華經中載有「靈山一會儼然未散」之字句，我人對此應當加以參悟。世尊說敎四十九年未顯眞實，只此靈山會上得到最後一決。當百萬之視線全都集中在世尊的一身之時，世尊慢慢起身，用手拈起金波羅華（蓮花的一種）（世尊當時以無心之身注視金波羅華，是則世尊已身亦卽是金波羅華，二者合而爲一了。）面山和尙曾就「注視」兩字予以駁斥，他說：「丁寧却換君德。滿身的拈華，當然不會瞬目不看。」是時衆皆默然。說明了今昔皆無人覺悟。文殊普賢也不過是如猫玩小錢，舍利弗阿難也如聾如啞。似乎應有當說之事，但只是思想的沉潛誠然是可哀。此時只有迦葉尊者破顏微笑，除君之外更有何人。梅花之色與香只有知人知之。那個就是那個，確實的明白了。迦葉尊者的微笑，至今彷彿猶存於人們的腦際。雲居大師因有作官的人給他送供養的時候，問他：「世尊有密語，迦葉不覆藏。如何是世尊密語？」大師對送供養的人說：「請你家尙書來。」那個人就答應請尙書到來。大師說：「你會嗎？」尙書說：「不會。」大師說：「汝若不會，世尊密語，汝若會，迦葉覆藏。這樣的說過說過。咄！世尊迦葉在何處，快說快說！」密字不是秘密的密，而是親密的密。不會也是有時的佛法。世尊云：我有正法眼藏，以下諸句是爲了移交傳代。正法就是如是法，盡十方界是沙門的一隻眼目。藏乃是受用不盡之義。涅槃妙心是無上的妙道。在空間來說是圓寂，在時間來說是不生不滅。忘却了自己的時候，並非不是自己。隨緣赴感無不周。此卽是實相無相微妙法門。此法人人皆是充分具備的，不修則不能現。不證則不能得。釋尊六年端坐的消息卽在於此。這不是文字言語所能達到的。這在五時八教之外卓立着的以心傳心。這是佛佛的傳授，祖祖的證契。因此釋迦並非傳授給予迦葉，乃是釋迦傳給了釋迦。因此迦葉也並非是傳給了阿難，乃是迦葉傳給了迦葉。松菊仍然是松菊的嗣法。這不是門外漢所能知道的。迦葉漢譯爲飲光，捨却十六國之大富，成爲頭陀中之第一人。實在是萬古之下的勝躅，可以說是吞吐光明之人。頭陀漢譯是抖擻之意。卽是苦行僧。樹下石上糞掃衣，一日一食坐不臥。無迦葉卽無有今日之佛法，所以這一則不要輕易的看過才好。

拈提：無門曰。黃面瞿曇。傍若無人。壓良爲賤。懸羊頭賣狗肉將謂多少奇特。只如當時大衆都笑。正法眼藏作麼生傳。設使迦葉不笑。正法眼藏。又作麼生傳。若道正法眼藏有傳授。黃面老子誑謼閭閻。若道無傳授。爲什麼獨許迦葉。

釋義：無門說：「這黃臉的瞿曇（釋迦佛之名）竟旁若無人，欺壓好人，打擊好人。掛的是羊頭，賣的是狗肉，多少總不免使人感覺着奇怪。假如當時大家都笑起來，這正法眼藏又是如何傳法，設若是迦葉不笑，這正法眼藏又是如何傳法。若說是正法眼藏有傳授，這黃面老子就誑謼（欺騙）了大家，若說無有傳授，又爲甚麼獨獨的傳給了迦葉？」

講解：由無門曰以下一段是無門超羣的評論。雲門禪師曾有一棒打殺，狗子喫却天下太平等等的語句。大智禪師曾有活捉瞿曇，白拈賊雲門，一棒不猥行等等的說法。這些話點點滴滴都是報恩的熱血。這些話都是照顧到脚下，言下有個承當。這一段頭兩句說：「黃面瞿曇，旁若無人。」這是罵釋迦佛的話。佛的肌肉是黃金色所以稱之爲黃面。瞿曇是釋迦之名。旁若無人，是把人當做了糊塗蟲。壓良爲賤，是壓迫好人成爲下等之人。這些都是正法眼所要行的事。把最後所餘的一次說法，掛起一面大招牌。可以說是很奇特的事，那就是拈起一株花的事情。無情的奪取了一切，其深意卽在乎此。假如當時大衆都笑了，這又怎麼能成了正法眼藏。那就是說佛喜歡笑叫大家都笑，那就不得不一一個別來傳授這正法眼藏，而也就無法以止其笑了。反過來如果連迦葉都不笑，於是佛所秘藏的正法眼藏就不得行於世上而音問渺渺了。以至於千年萬世發徽而不解。總而言之這正法眼藏是人人具足，箇箇圓成的。既不能與亦不能取的，使人知道這是一種奇妙手段。若說正法眼藏有傳授，既然如此，那正法眼藏又何必說什麼傳授與不傳授，不過是釋迦的繞舌欺瞞衆人，何以故呢？因爲人人都是用如來之鼻以呼吸，並無缺少之處啊！若說正法眼藏無有傳授，爲什麼又獨獨的許傳予迦葉呢？這樣的一問就把釋迦的雪中埋藏的指爪發掘出來，而使得我們得到了休息大安心的境界，誠然是無門之血，滴滴皆晶。

頌：拈起花來。尾巴已露。迦葉破顏。人天罔措。

釋義：釋迦佛用手拈起金波羅華，就露出了眞象，迦葉跟着一笑，使得大家都茫然無所措足，不知如何是好。

講解：世尊拈起來的花，正是我們在火中枯萎了的蓮花。糊塗事是糊塗賬，但經此一拈，就露出了尾巴，使人看見了多餘的尾巴。迦葉破顏微笑，是迦葉別具隻眼。迦葉看出了釋迦九尾狐的尾巴，所以才微笑了。人天妄措是其餘衆多數以千百萬計的人間天上之物，無有處身之地，彷彿是黑夜裏摸鍋，以朦朧的面孔，經過了無門一經點道，大家都在坐下不住的左顧右盼。古人的消息是不可以道理計，只有各自猛省一番才是。這正是：一夜落華雨，滿城流水香。

七　趙州洗鉢

本則：趙州。因僧問。某甲乍入叢林。乞師指示。州云。喫粥了也未。僧云。喫粥了也。州云。洗鉢盂去。其僧有省。

釋義：趙州和尚因有僧人問他說：「我才來到叢林（禪院）請師父指示。」趙州說：「你喫稀飯了沒有？」僧人答稱：「喫過了。」趙州說：「去洗鉢盂吧！」這僧人當下卽有所悟。

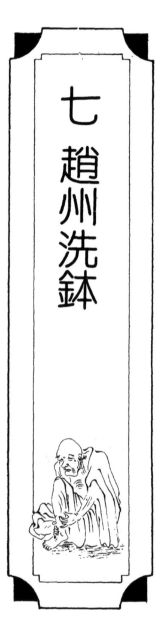

講解：這一段有趣的是洗鉢之一事。如果洗也洗不淨，那就是煩惱，無垢而垢，誠然是可憐！在三界火宅中住居，而名曰住吉是覺得可笑，當我人的明神回返到住吉之上，則思別善惡之心一掃而空，只是一切不問的住下去，那就是住吉。

趙州和尚因某僧問他說：「我是新來的人，請大和尚指示一切。」這其中含有希望悟道之意。趙州說：「喫粥了沒有？」這只是把三千界一口道出來。僧人說：「喫過了。」這還是鴐與靑龍不解騎。趙州說：「洗鉢盂去？」這是由衷之言，諄諄指示。當然僧人就有了省悟了。這正是此物卽此時另外是再沒有的。再遲一步，則平地上死人無數。卽令是此外還有，也不是此時此地之物了。

鉢在梵語叫鉢多羅。譯作應量器。因人而有大小。其中所盛可以達到其人的姆指所能達到的限度。其義是凡事知足，則卽是福神。

拈提：無門曰：趙州開口見膽，露出心肝，者僧聽事不眞，喚鐘作甕。

釋義：無門說：「趙州和尙開口見出眞膽，露出來心肝，如果這僧人未曾聽眞，那就把鐘叫做了甕。」

講解：趙州開口見膽露出心肝，這和尙可以說過餘的用盡了氣力，逢人且說三分話，未可全施一片心。者僧聽事不眞喚鐘作甕，如果此僧錯聽了是在水中就覺得是有水，那就個糊塗蟲，實在說來趙州的話還得要參悟參悟，鐘是不能淹茶的，那就錯了。

頌：只爲分明極。翻令所得遲。早知燈是火。飯熟已多時。

釋義：只因爲分別的太過分了。反而使所得遲慢了。早知道燈也是火，那麼飯就早已熟了好多的時候了。

講解：只爲分明極，翻令所得遲，這就是不要分別太過了。見如其見，聞如所聞，又何疑焉？豈但是喫粥了而已。在其上進以求分明，這好像是在水中而猶叫渴。無論何時也不會有所得。二祖曾說求心不可得達摩贊許他說：「安心了。」決定此上不再有所得，大難大難。早知燈是火，飯熟已多時。對於洗鉢一句有了覺悟，則燈卽是火當下卽悟了。這雖然快是很快當了，但也無有什麼稀奇飯熟已多時，是不吃則腹中不滿。這是只許老胡知，不許老胡會。不知爲不知是眞知也。讀書不求甚解，如知不知爲佛法，則心常泰然。卽是知之爲知之也。好了好了，好也菩提，惡也菩提。

八 奚仲造車

本則：月庵和尚。問僧。奚仲造車一百輻。拈却兩頭去却軸，明甚麼邊事。

釋義：月庵和尚問某僧人說：「奚仲造車一百輻，拈頭去尾，再去了軸，成了什麼東西。」

講解：奚仲是從前古代造車的名手，一輻和一輛一臺相同。從前車輪之輻棍有三十隻。月庵和尚假車來代表佛法，亦不外是人的眼淚。坐禪的人看見在四條五條的橋上往來的人如同深山裏的大木。這是大燈國師在乞行脚當中的滴滴之血。看做深山木頭的坐禪人和說奚仲造車的月庵，其名雖異而實爲一物。打車而車不怒，僅打人而生角。人心難測可驚可嘆，如露之世間，任它如露的過去，拈却兩頭，去却了軸還成了個什麼？月庵推出車來以垂示這段拈語。老子云：「數車無車。」如果我們說把車的兩個輪子拿來，把車軸拿來，於是看這個車就不是個車了。各物結合之時假車以成名。人也是如是，骨肉（地）是如何，血汗（水）是如何，呼吸（風）是如何，體溫（火）是如何，集結起來就叫做了人。散了之後，就成爲地水火風。求我這個人而就不可得了。在無我的時候宇宙也就與我合一了。這四大之家也是有時間的。由一到分而應乎必要。週身五十二位，畢竟忘却了自己與宇宙成爲一體而已。因此止於求與宇宙成爲一體而已。因此止於求心，就不得不求大休歇。人生不過是戲劇舞臺，待到曲終人散，則臺卸復成原野。四大終歸是四大。無我則本來卽空。悟解了不解無我是迷，則還用那些閒工夫幹甚麼？

拈提：無門曰。若也直下明得。眼似流星。機如掣電。

釋義：無門說：「如果能夠當下立刻明白，則目光如流星，其機如同掣電。」

謹解：如果有一個人，當下勘破其中的道理。則卽是見了天，與天合而爲一。踏地而地亦無別。到處爲家，其眼光之高明則正像大空的流星一般的迅速，其活機一一在於宇宙之中，求自己而不可得。順逆生死拂跡而滅跡，一切均不遑顧，電光雖然迅速，無量沙數的偉人行動，都可以追及，卽今有無其人，那你只要睨視無門和尙的座下，不覺得毛骨悚然，毫髮俱立。

頌：機輪轉處。達者猶迷。四維上下。南北東西。

釋義：機輪轉動之處，則雖然通達之人而猶不免着迷。四處上下南北東西，天地四方都是自己的輪轉之機。

講解：我們不願再來重覆評論這一頌文。機輪轉處，正是形容我們活動的樣子如同機輪旋轉，隨處爲主隨遇而安。達者猶迷，是在忘却自己之時，一擧手向上，則達到十方碧落，一投足向下，則可窺見虛空消殞佛祖之門。看乾坤爲一庭閣，而我身則住於天地之外，知音稀少，知己難求。四維上下，南北東西，是說天地四方莫不是自己的一大機輪旋轉，彼此相思之樂事，用車來做譬喻。月庵是五祖以下開福之法子。無門是他的四世之孫。日本也有個月庵和尚，是由武士出身而做了和尚。

九 大通至勝

本則：興陽讓和尙。因僧問。大通智勝佛。十刼坐道場。佛法不現前。不得成佛道時如何。讓曰。其問甚諦當。僧云。既是坐道場。爲甚麼不得成佛道。讓曰。爲伊不成佛。

釋義：興陽有個讓和尙，有僧人問他說：「大通智勝佛，坐了十刼道場，而佛法仍然不能出現，使他成不了佛道，這是什麼緣故呢？」讓和尙說：「你問的很是當理。」僧人又說：「他既然是坐了道場，爲甚麼不得成佛呢？」讓和尙說：「因爲他是不成佛呀！」

講解：大通智勝是出於法華經化城喩品。在林才錄和曹山錄也曾引用。但是他們的用處（着眼點）各有不同。興陽的用處是在於「不成佛」三字。

興陽是芭蕉清的法子。清是朝鮮人，也是朝鮮古代的偉人。清是仰山大師的徒孫。這一則是自己稱讚潙山仰山的宗風。十刼是說歲月的長久。大通智勝佛是在長久之間坐禪而未能成佛。在法華經中曾有這樣的記載。究竟這是什麼緣故？於是他疑惑了坐禪的功力而發問。「道場」兩字是由菩提曼多羅的譯意。菩提是無上道，曼多羅是輪圓具足，是沒有不足的事。直指單傳的坐禪，是簡捷了當的佛行。只是坐禪也就可以了。只是工作也就可以了。這就是不染汚的修證這與其他外道二乘的坐禪不相同的。「道場」兩字應當深深的參悟。卽就是：「不離當處常湛然，求便知君不可見。」所以讓和尚說：「其問甚是諦當。」這不啻是讓和尚資敵以糧，洩漏禪機了。這一問眞是騎賊之馬而來追賊，甚是恰當。只因爲不成佛才是契合於眞理，促起他照顧脚下。這僧人是對猫下了一個小判決。僧人說：「旣是坐道場，便是求得打坐的悟道。旣然注意到不成佛還是只管打坐，這就走入了旁門，這就是大通不能免於久久的尋求不已的道理。」讓和尚答道：「因爲他不成佛。」這個他不僅指的大通，任何人都可以響迎。本來是佛又何必更再重覆成佛？不成佛就是他的本身。這好比在好肉上又何必去剜瘡呢。每個人都摸索一下自己的鼻孔，不禁就都拍手大笑了，眼見花月而生活下去不必成佛，只管追問此身是那個月那個花，不到崑崙也知其高知其大了。

拈提：無門曰。只許老胡知。不許老胡會。凡夫若知。卽是聖人。聖人若會。卽是凡夫。

釋義：無門說：「只許老胡（釋迦）知道，而不許老胡理會。凡夫要是知道了就是聖人。聖人要是理會了就是凡夫。」

講解：這一段評語是不太有趣味，其中所說的老胡是指的釋迦。

假令是釋迦出世，也要有强烈的自信。公案個個都是神聖的說法。允許眞知，不許理會。知是單純的，是無我的。只要忘我則天地莫不皆是自己，只有知才會明白這個道理。至於會則是兩人相連了。忘我是很難的。好像瞎子摸象，言人人殊了。凡夫若知卽是聖人，誠如孔子所說：「先進於禮東野人也。」這眞是不粧紅粉自風流了。從前有一個石工叫回石頭，他生而有禪骨。一天他和鄰人講說論語。讀到孔子謂顏回曰：「由汝知誨乎，知之爲知之，不知爲不知，是知也。」回石頭當下大大覺悟了不知也是知的道理。如果知道了這個，則天地任何事物都無有不知了。所以說不加修飾的知才是眞知。此語在碧巖錄的一則評唱末尾的話。古人說有此一句卽可補碧巖之百拙。其次是聖人若會，卽是凡夫。這誠如孔子所說：「後進於禮樂君子也。」設或有意就自救不了。不成佛的境界是大難大難。不見言鄉愿德之賊也。所謂之君子乃係指在位君子而言。

頌：了身何似了心休，了得心兮身不愁。若也身心俱了了，神仙何必更封侯。

釋義：了身不如了心，了心則身無憂無慮，身心俱了，卽是神仙，功名富貴都無足取了。

講解：對於以上這一段頌，也有人評判說不太好的。這正是正人說邪法，邪法成正法，邪人說正法，正法成邪法。

了身何似了心休，這是說身形雖然隱入到了深山裏，像朽木一般，但心中仍然想要開花是不成的。身雖有了各種差別所謂之佛，衆生、天堂和地獄，這不過是差別上的名詞。只要是忘却了自己明了了金是一心的當體，則心、佛、衆生三無差別，六道四生、莊嚴一心。體達了這個道理，則入地獄如入遊園。這就是了却心兮身不愁。最後兩句的若也身心俱了了，神仙何必更封侯，是說身心脫落，自然無所障礙。這就是不老不死的神仙，又何必有什麼成佛作祖大小的封名。二十五歲的父親生出來一百歲的兒子，這一種自在底，到底是下界的人所夢想不到之處。百萬石的諸侯不過是蒸籠的滴水。誠然藐小的可憐。日人山崎闇齋是會津的一位儒者，他有一天告訴會津侯說：「我有三樂，第一是難得人身是一樂。第二是與古人爲友共聚一堂是二樂。第三是在侯的面前我難於出口，有很多的諸侯連吃的米從那裏來的都不知道，幸而我未曾當了諸侯，這也是我很快活的三樂。」山崎可以說是快人快語！與古人爲友是說的常讀古書。

大惠頌曰：「宴坐道場經十刼，一一從頭共漏泄，從原始卽有之物，而常坐是菩提座，可惜世間多少守株人掉棒擬打天邊。只是勞而無功。」

十　清稅孤貧

本則：曹山和尚。因僧問云。清稅孤貧，乞師賑濟。山曰。稅闍梨。稅應諾。山曰。青原白家酒。三盞吃了。猶道未沾唇。

釋義：曹山和尚，因爲有僧人問他說：「清稅孤貧，求師救濟。」曹山和尚說：「稅闍梨。」清稅就答應說：「是！」曹山和尚說：「清原地方白家造的酒，喫了三盞，還說並未聞着酒味。」

講解：曹山和尚是洞山大師門下的高足五位弟子中的一位佼佼者。他的譬喻是圓轉滑脫，好像水上的葫蘆子，捺着就轉脫了，誰也摸不着邊際。此僧也許自名清稅，不一定是另外一人。孤貧並無一物，也可以說貧到無有煩惱，無有覺悟的境地。請求救濟，是說既然有了救濟那就頗不貧乏。這是句裏呈機劈面而來。而曹山和尚答覆他的問難，也不含糊。但他並不多言，只說稅闍梨三字。這裏面有什麼意思，我們應當仔細的參悟！可是清稅並不思想的隨便答了一個是字。這裏面又好像缺少一件東西似的，但是答覆曹山和尚也並沒有什麼不自由的地方。曹山說：「青原白家的酒是白鷹一般的名酒，喝了這樣的酒還說與未曾聞着酒味一樣，這實在是有點詼諧。我想這僧人沒有再說什麼，恐怕他要背地裏暗伸舌頭。人只看成人的境界也就可以了。一旦夢醒則衣錦珠玉都是過眼雲煙。古德云：「去年貧有錐無地，今年貧無錐無地。」這還不算是眞正的貧乏。枯木元說：「無錐無地未是貧，知無尙有守貧身，我儂近日貧來甚，當初不見貧底人。」所謂貧無就是如此。我們學赤貧是很難的。顏回在古代纔有，今人已不復見了。學無好於苦學，道無美於貧道，但是又有誰能視之爲本分，誠然是很難的。隱元禪師說：「家裏無油莫點燈，偸光眞個可憐生，山翁自有安貧策，教子徐徐摸壁行。」這是大堪玩味的話，誠所謂不粧紅粉自風流了。

「闍梨」梵語譯爲軌範，眞言宗稱之爲有德。禪宗稱同輩以下用之。「青原」有名的造酒之處，彷彿像日本的西宮。「白家」有名的造酒家，尙有兩字應當仔細的玩味一下。

拈提：無門曰：清稅輸機。是何心行。曹山具眼。深辨來機。然雖如是。且道。那裏是稅闍梨喫酒處。

釋義：無門說：「清稅輸却了禪機，其心是作何打算。曹山是獨具支眼，深辨未來之機。雖然如此，可是稅闍梨又到那裏去喫酒呢？」

講解：清稅請求救濟，而遭到了失敗，問他的心根是如何，這是給他的座下留一步工夫的餘地。曹山不愧是有擒龍伏虎的手段，眞正看破了他的心機，以酒作譬喻是痛快淋漓。這不僅是古人所預計的，即如現在我們也都是連飲不斷的。道元禪師說：「般若波羅密有三，即是過去、現在、未來。」又說：「般若有六，即是地、水、火、風、空、識。」又有四般若：「即是行、住、坐、臥，唯有照顧了脚下就可以了。」又有以酒做爲般若湯。鎌倉時代的大乘學者，三杯以上就燻燻的醉了。纜老禪師在青年時代，他在奧州（日本的一縣）聽見了那地方的人說方言就有了醉意。他說不到五勺酒好像有喝了五勺的醉意。這話也頗有禪意。

「輸」字有失敗的意思。「機」也可名之爲可發。就是欲現而未現，將發而未發。好像箭在弦上的發而未發。是豫卜的心之動向。比方說好睡早覺的學生包藏着落第之機。

頌：貧似范丹。氣如項羽。活計雖無。敢與鬪富。

釋義：貧的和范丹一樣，氣概如同項羽一般，雖然生計全無，可是敢來和有錢人來鬪富。

講解：這一頌詞，是假借着清稅來說明了清貧的勢力。范丹是後漢時候的一位有名的儒者，他讀書忘貧，夜晚住宿在木陰之中，十幾年如一日，有時盡糧無食，而他快樂自若。臨危至死不變其節操。這是由清稅的孤貧而打出下面的一句。項羽是力拔山兮氣蓋世，勇猛非常，但是可以說是一文不值的赤貧者。前兩句是上下互相呼應。這是鬪富的情形。此外並無所求。世間有很多坐在黃金上面的乞食者。我們應有隨遇而順安其自然的心情。雖然睡寢只餘窗前之月生計一無油未的境雨，也應當有廬山烟雨浙江潮的大自然的胸襟。「活計」即是生計之意。

十一 州勘庵主

本則：趙州到一庵主處問。有麼有麼。主竪起拳頭。州云水淺不是泊舡處。便行。又到一庵主處去。有麼有麼。主亦竪起拳頭。州曰。能縱能奪。能殺能活。便作禮。

釋義：趙州和尚到一個庵主處問說：「有嗎？有嗎？」庵主舉起來拳頭，趙州說：「水淺不是停泊的地方。」於是他又向前行，又走到一個庵主之處說：「有嗎？有嗎？」庵主也舉起來拳頭，趙州說：「這拳頭能放能收，能殺能活。」於是便頂禮而去。

講解：這一段是說明不要寺不要錢，只知有法而不知有身。在見性大悟之後，還殘留着有惡習，所以要長養聖胎以待龍天推轂之時到來。然後死去則菩提心如同萬里一條鐵一般的堅硬。趙州到庵主處問有甚麼有甚麼，庵主竪起來拳頭，趙州誠然是不恥下問，七歲頑童，有勝於我，我亦願與受教。不厭百歲之老身，去行磨煉，眞是可歌可泣。走到了庵門「有嗎？有嗎？」的簡單一問，禪和尙對於來者除大法之外別無他物可贈，所以庵主舉起來拳頭只是形勢好像險惡，但並非是舉手就打。趙州看見了這種情形就怒火中燒罵倒了庵主。所以他說水淺不是泊舡處。但他並未感到舉拳頭，此處應當着眼。這正是呼狂呼暴任他評，桃紅李白自然色。只是不見不聞，任他唾面自乾。趙州二次又叩問一位庵主，他的眞誠老實不怕困難，使人可敬。庵主一樣葫蘆，舉起拳頭。但是趙州這一回却是與奪自在的讚美起來，加以禮拜。然而所舉的拳頭不是與以前一樣的不禮貌嗎？人無論在什麼時候都是聽見讚賞而高興，聽見誹謗而悲哀。趙州千辛萬苦的餐風飲露終究是一無所有啊！但是他也證明了拳頭的無物，就是他的大有。要仔細勘破這一端的。只在參悟兩次的拳頭上。至於庵主的境界心情是不必去問！

拈提：無門曰一般竪起拳頭。爲什麼肯一個不肯一個。且道誵訛在甚麼處。若向者裏。下得一轉語。便見趙州舌頭無骨。扶起放倒。得大自在。雖然如是。爭奈趙州却被二庵主勘破。若道二庵主有優劣。未具參學眼。若道無優劣。亦未具參學眼。

釋義：無門說：「一樣的竪起了拳頭，爲什麼一個首肯，而一個就不首肯。究竟是錯在什麼地方。如果向這裏下一句斷語，那就是趙州和尙舌頭無有骨頭。但是他自己是扶得起放得倒。得到了大自在。雖然是如此。恁奈却被兩個庵主識破。如果說這兩個庵主有好有壞，那就是沒有修道的眼光，如果說他們無好無壞，也是沒有修道的眼光。

講解：趙州爲什麼原諒了一個人又不原諒一個人，當然趙州的眼前並無有那樣計較的心理。他只是那樣的說了，可以說他是無我的。而不明白的人認爲趙州是引起了糾紛。如果對這裏的前後兩拳得下一個明了的判決，趙州自始就是舌頭無有骨頭，並不固執自己隨緣的扶起放行（作禮），有時更又放倒把住（便行），這就是他得大自在處。然而趙州在兩個庵主的豎拳之下，用言語的往來，勘破了拳頭的禪機。拳頭只是拳頭，它並沒有什麼優劣好壞，由高處着眼也就是了。這正是：「芭蕉葉上無愁雨，只是時人聽斷腸。」當時如果是無有趙州，則到今天又有誰能參悟拳頭的道理。這是無門假托趙州贊嘆拳頭的禪語。

頌：眼流星。機掣電。殺人刀。活人劍。

釋義：眼似流星，機如掣電。是殺人刀，是活人劍。

講解：這是讚嘆趙州的光明正大，得大自在。有流星之活眼，得掣電之機用，無論是殺與活，在趙州手裏拿着一隻金剛王寶劍。世間再沒有比「無我」更强的。我們眞個徹底了悟了拳頭，要知並且是離開趙州不遠。所謂河流天地合，山色古今看！

十二 巖喚主人

本則：瑞巖彥和尚。每日自喚主人公。復日應諾。乃云。惺惺着。諾。他時異日。莫受人瞞。喏喏。

釋義：瑞巖的彥和尚，每天必定自己招喚自己（主人公）一遍。然後又自己答應一遍。於是說：「注意著！」「是！」「將來不要受人欺騙了。」「是！是！」

講解：這一篇是有名的「瑞巖主人公」。他是渡守岩頭的法嗣。正是強將手下無弱兵。每天什麼也不說，只是念誦主人公。這是不靠佛祖的獨立境界。只此一聲的「主人公」，自己就是主人公。君子不重則不威，不能輕易看過的亦即是其人。主人公是沒有自性的，無論走到何處都是主人公。這正是東家為馬，西家成驢了。又自己答應着。這一聲主人公的異同要好自參酌。乃云惺惺着是促起注意的意思。

是說不要走入邪魔外道。在此一刹那間，不容有何物侵入的當中，用力的答覆一聲「是！」又說：「他時異日莫受人瞞」，要切記切記。只要是繼續不斷的招喚，那就容易得到「主中主」的名利。但是菩提心一鈍，就容易招魔。法華經中也有五千增上慢人。因此最好是不說一字，只如是招喚一聲主人公也就可以了。自己每天一次二次是是的答應着。所謂鑽之彌堅仰之彌高。「主人公」，「是！」「惺惺着」，「他時異日莫受人瞞」。「是，是！」每天每天如此的稱喚，這就是瑞岩和尚的手之舞之足之蹈之的好時光將要到來了。「諾」是承領之詞，是以言許人應諾的意思。「喏」音喳，俗語唱諾，比較諾的語意稍輕。這兩者只是輕重的分別而已。

拈提：無門曰。瑞巖老子自買自賣，弄出許多神頭鬼面。何故聻。一個喚底。一個應底。一個惺惺。一個不受人瞞底。認著依前還不是。若也傚他。惣是野狐見解。

釋義：無門說：瑞巖老子，是自買自賣，自拉自唱。做出許多的鬼樣子。這是什麼緣故？簡直可以說是鬼的鬼（鬼死叫聻）一個是喚到底，一個是應到底，一個是惺惺底，一個是不受人瞞到底。如果你依照以前所說的認識了，那還不是究竟到底。如果你也照他的樣子去做，恍惚你就是野狐禪的見解了。

講解：瑞巖老和尚做的是什麼事呢？自己招呼着賣，自己回答着買。一個人在唱戲。做出來種種的神頭鬼面，是爲的什麼呢？是什麼緣故要給人看這鬼聻的樣子呢？由一個喚底到不受人瞞底，都是他一個人的戲。認識了這個，就可以成爲他的對手，依前還不是的意思是在從前他的意根之下，這仍然還是受妄想的支配着。如果要是也倣效着他來做作一番，那就成了野狐的見解。卽就是說按着瑞巖的尾巴去做效他，那只不過都是成了野狐化的皮毛，那必然的擾亂心思成為死見解糟妄想了。我們必須要奪取一切與本來的主人公相見，脫却公案的牢籠才對！這誠然是「無業一生莫妄想，瑞巖只喚主人公」。無業和尚是無論對於誰說什麼，都是被莫妄想三字所奪。瑞巖和尚只是知道招喚「主人公」三字。彼此做的都是無用的事。現在還有什麼妄想處，從前迷惘已成過去了。要求覺悟的妄想是未來的事。借用什麼東西能夠捉住這個「無有」呢？因此無業和瑞巖都是妄用心機。到不如「空山白日羅窗下，聽罷松風午睡濃。」我們如果不能把這大悠閒的境界完全呑融到心裏，那就不足以為人，還談什麼報佛恩到底呢？

頌：學道之人不識眞。只為從前認識神。無量刧來生死本。癡人喚作本來人。

釋義：學道的人不認識這個「眞」，其原因是因為以前只認識這個「神」。這「眞」是由無始以來無量刧數的生死根本，癡人把它叫做是本來的人。

講解：「眞」是一而已矣。在我身之中有靈魂存在，如果把靈魂看做是不死，乃是常見。把此身之死看成是斷見。但是魂並非是飄浮的，身之外是無有心的。換言之就是一靈皮袋，皮袋一靈。宇宙萬象畢竟不外是一個實相的緣起。求之於自己是不可得的。實相是無始無終的。而識神則是常一主宰在身中支配着身的東西。是給無限之身有一個限度。百年之後五尺之墳蜷屈的可憐之相，乃是八識賴耶的闇窟所造。賴耶是藏的意思。是妄想之藏。我們不能打破了它，就不能在世間得大自在。自無量刧以來我們人同在一個小軌道中生變死變，煩惱之業增加不已，苦果愈勝，在這無窮盡的六道輪廻中翻轉。因此修道者都想捉住本來的面目認識主人公。只此一聲的招喚打破地獄的逆轉，這一聲之後時時的繼續，如水鳥之飛翔不忘舊路。但是空中並不知鳥之往還，空還是空是永久不變的。

十三 德山托鉢

本則：德山一日托鉢下堂。見雪峯問者老漢。鐘未鳴。鼓未響。托鉢向甚處去。山便回方丈。峯舉似巖頭，頭云。大小德山。未會末後句。山聞。令侍者喚巖頭來問曰。汝不肯老僧那。巖頭密啟其意。山乃休去，明日陞座。果與尋常不同。巖頭至僧堂前。拊掌大笑云。且喜。得老漢會末後句。他後天下人。不奈伊何。

釋義：德山長老有一天托鉢走下堂來，雪峯和尚看見了他便問道：「你這老漢，既未鳴鐘，又未響鼓，到什麼地方去？」德山便又回到方丈。雪峯照樣的說給了巖頭和尚。巖頭說：「不論大小德山都是未曾領會到末後的一句話！」德山聽見了這話就命令侍者招喚巖頭來問他說：「你不配服老僧嗎？」巖頭秘密的告訴了他的意思。德山就叫巖頭去了。次日德山陞座，果然就和平常不同。巖頭到堂前，拊掌大笑說：「且喜老漢得以領會了末後的一句話，以後天下的人，就莫可奈他何了。」

講解：道得是三十棒，道不得也是三十棒。只有佛道是在人人脚跟底下，須要直下承當。德山開始的時候戴着教相，成了金剛經的奴隸。後來他被一個燒餅店的老婆婆問他：「什麼是不可得底的心？」德山閉口不能答覆，於是他參拜龍潭上人，吹滅了紙燭，亡滅了所知。而在他的會下竟又出了巖頭雪峯兩位聖者，他燒却了金剛經，公告屬下說教相是不可靠。巖頭生來是有大智慧，雪峯則是常常攜帶着笊籬和木杓，盡到他典座如法作飯炊爨的職務；而兩人都是向上勤求大法的。巖頭對於雪峯和尚表現憐憫的友情。誠可謂生我者父母，知我者鮑叔了。托鉢是指盛飯鐵鉢，下堂是由公衆的食堂下來。傳燈錄中記載在「一日」的下面還有「飯遲」兩個字。因爲報告飯遲了，也許德山腹中有點飢餓，才托鉢下堂而來。典座的雪峯和尚就向前問他：「老師！爲什麼托鉢？雲版還沒有響鼓也未曾敲，您托鉢打算要到那裏去呢？」德山並不回答，就轉身回到了自己的方丈居間裏。這正是「雨打梨花蝴蝶飛」。一切皆歸於烏有了。而可憐的鈍漢禪師雪峯向巖頭請示他的智慧。巖頭認爲這是激發雪峯的好時候，於是就想出一條公案說：「一代的禪師還沒有明白末後的一句。」這眞是無風起浪。他是熱烈的催促雪峯，叫他憤發。德山當然也沒有知道巖頭的底意，他聽到了巖頭的大聲說話，就叫侍者把巖頭喚來。問他「不會末後句」的意思，巖頭既然在德山會下很久，常是服從長老命令，這次爲什麼說出這樣話來？巖頭於是向長老耳邊小聲耳語，實在他的意思是要激發雪峯的遲鈍，巖頭說明了底意之後，德山也就首肯無言了。雪峯通常是只管打坐等待澈悟。他還不明白心中起了待悟之念，就是大病。巖頭爲了促成這不能假借的自然純熟，實在是顯得親切。公案是由頭到尾徹頭徹尾的，僅只是打坐徒然陷入枯坐。巖頭苦心孤詣使雪峯能夠參悟末後之句。實在說來，巖頭是給德山長老下了一個註解，誠然是使人可以感動得流淚！至於明日陞座云云，這不過是編纂者的話罷了。陞座是德山長老的說法，因爲他與德山已經有了約會，當然與往常不同，這是爲了引起雪峯的靈感。巖頭和尚更又激增出一段話，可以說是做了一場大戲。僧堂乃是坐禪的所在，巖頭能夠走到那前面拍掌大笑嗎？這乃是說長老今天特別的了悟了末後之句。從此天下之人能夠趕上長老的殆無其人。嗚呼！末後之句，只要是得到了這個，那就是天下無敵。走遍天下唯我獨尊，前無來者，後無古人。巖頭的滿聲貫注到雪峯的滿耳。可惜的是不知雪峯明白不明白。這給與了千百年後的血滴的結晶。巖頭後來的說法中有「咄！要識末後句，只這是。知之爲知之，不知爲不知。若是此漢在三千里外諾訛（認錯）」。

拈提：無門曰。若是末後句。巖頭德山俱未夢見在。檢點將來。好似一棚傀儡。

釋義：無門說：若是末後之句，巖頭德山都在未曾夢見有過。檢點將來，好像是一場中的傀儡人形。

講解：要按無門來說：「末後之句，也不是那樣狹小的看法。那是巖頭德山等做夢都沒有看見的。我所說的末後之句在於那未說之處。你們所說的在我來檢點一下，一人發怒、一人欣慰、一人哭泣、一人在笑，耳口之所寄，宛如一場傀儡人形鬧劇。在一傍觀劇的人，無根無葉的評判是多麼可惜！可是諸人的末後之句，都偃臥到草裏。這正是：雨後青山青轉青，相携甲山登，下眺蒼海山河在。末後海何稱咄！

頌：識得最初句。便會末後句。末後與最初。不是者一句。

釋義：認識了最初一句，便能領會末後一句。末後與最初。都不是這一句。

講解：時是同一時間，物是同一物件。釋迦的時候也不是別一個時間，可以說完全照舊就是現在正來着的。眼橫鼻直一毫一絲都是佛法。最初與末悟都是同一時間，時間並無二致。生也是一時之法，死也是一時之法。其物卽是其物。其物只是其物的脫落其物的脫落，無字之前也無字，無字之後也無字。了得無字之時，就體達了無字的無始無終之事。迷者是只顧自己的最初與末後，對於無限者加以有限是走入了苦境。我們只有卽今如何的加以返照。無論是最初末後都是假的名字。物之本身無有最初與末後。識得末後與最初是一句，就連一句也是無有。無論是同是異都是無有邊際的，所以在末後的一句也就不需要了。「不是這一句」應當留意的參悟。洞山禪師說：「吾常於此着眼。」我們應當向忘我之路去行。這正是：「泉聲中夜後，山色夕陽前。」

十四 南泉斬猫

本則：南泉和尚。因東西兩堂。爭猫兒。泉乃提起云。大衆道得即救。道不得即斬却也。衆無對。泉遂斬之。晚趙州外歸。泉擧似州。州乃脫履。安頭上而出。泉云。子若在即救得猫兒。

釋義：南泉和尚因爲東西兩堂爭奪一個小猫兒，南泉把猫兒倒提起來說：「大衆如果說出道理來就救得猫兒，說不出道理來，我就把它殺掉。」大衆都對不上來，南泉就把猫兒殺掉了。到了晚間趙州由外面回來，南泉照舊的對趙州也一樣做出來給他看，趙州就脫下來草鞋，安到頭上走出來。南泉說：「你如果要在家時，就救得了猫兒。」

講解：南泉和尚是馬祖的高足弟子。十八歲時就了解作活計，與一般的人不同。他的兒子趙州十八歲的時候遭遇了破家散宅。於是兒子掃除，父親建立。父子是一體。南州活到八十七趙州活到一百二十。如果不是這樣的長生就不能完成了濟度。

南泉和尚因東西兩堂爭奪一個猫兒，兩堂可以看成是兩個首座。都是長老一流。可以看做是世間是爭論不絕的。南泉常說：「三世諸佛不知有，（知者不知）狸奴白牯知有。（不知者知）」掀起了佛性有無論的風浪。狸奴是猫，白牯是牛。南泉倒提着猫說：「大衆道得卽救，道不得卽斬却。」南泉有幸的提起猫來明明的是說：「你們看這是證據，有呢？無呢？快說！快說！說不出來我就要殺掉。」這眞是迅雷疾風，不惶掩耳。大家對不出來，這正是臨危不變，能有幾人。這是無情的事情，南泉就斬掉了猫兒。斬斬斬斬，不只是斬了猫兒，是斬了佛猫，是斬了祖狐。他斬盡了一切。痛快淋漓，清風凛然，世俗所說的觸犯了殺戒，則在所不計。何況說什麼謗法之罪。捨身如浮雲，一切歸烏有。有人說，南泉和尚殺猫的血尙在呀！他將要答覆咄！你是連打三十棒的價値都沒有的蠢物！晚間趙州回來了，南泉也照樣做給趙州看了一遍。趙州把草鞋脫下來安在頭上，也表示給南泉看。這可以看出來父子之親！頭上戴履不回顧的出去了。這就是看出了斬也斬不盡之物。趙州南泉和猫，結果都是一物。佛性是永久不變的。人、畜、草木、金石、一一皆是大光明。南泉說：「子若在，卽救得猫兒。」不但救得了猫兒，一切死者皆得復生。物故遷化的南泉，仍然是在我們的身畔。截斷黃金片，片片皆黃金。南泉的世界並非是別一世界，儘其所在皆是江山流水，眼橫鼻直。只不過是名義上的變遷。釋迦耶穌是都可以復活的。

拈提：無門曰。且道。趙州頂草鞋意作麼生。若向者裏。下得一轉語。便見南泉令不虛行。其或未然險。

釋義：無門說：「你且說來，趙州頂草鞋的意思是怎麼一回事。如果向這裏去想，得下一句轉語，便見得出南泉的命令不是虛行的。如果是或有未然，那就危險。危險。」

講解：無門說且道趙州頂草鞋意作麼生，若向者裏下得一轉語，便見南泉令不虛行。祖師西來元來無意，者裏也並無何意。長慶說：「若人問我解何宗，拈起拂子劈口打。」這就是我禪家的一個轉語。南泉是把猫與有無全都斬盡。趙州是把他斬盡的實物用草鞋來證明。如果眞正明白了這個，那就了解了南泉的本懷。斬猫並非是無用的。或未然者是說如果要不這樣去做，險些白費了力氣，等於東風之過馬耳了。這樣一來，把那些愚蠢傢伙們就不能不都殺却！所以修禪的脚下多多用心多多用心，險哉險哉。可怕可怕！

大燈國師說：「提起猫兒來看，一二三，斬却猫兒，無孔的鐵槌，這是不能着手的建立門。」

天柱和尚說：「斬却猫兒剝去皮，是盜人之皮。殘物亦須勦絕不剩。」

道元禪師說：「奪去雪竇的一刀兩斷，可以說是一刀一斷。這是爲了切也切不斷者而言。果然由上乘而論，南泉斬猫是斬佛。是切斷佛見與法見。無論何時都是一件大事。」道元在當初未成長老，可以是這樣的說法。如果不經過苦修，又安能達到這一見解。這點不能囫圇呑棗的放過！把履解釋成草鞋是引用碧巖的註解。履與草鞋都無有什麼區別。

頌：趙州若在。倒行此令。奪却刀子。南泉乞命。

釋義：趙州要是在場，這一命令就倒行了。趙州奪下來刀子，南泉反要向趙州求饒了。

講解：「趙州若在，倒行此令。」不但是趙州要干預此事。這乃是臨機不讓師。「奪却刀子。南泉乞命。」如果要是我也要奪却刀子。無論是得道與不得道，總得要向和尚逼迫的要斬，南泉也好佛祖也好一定要雙手合十請求饒命。無門說此話好像要得什麼東西的樣子。他放眼四面看了一圈，連一個含笑悟解的人都沒有。有僧問良香和尚說：「斬猫意旨是如何？」良香答：「露柱血滴滴露柱，僅吐唾面濺朱顏。」又問：「戴草鞋意如何？」答：「燈籠鬧啾啾，成了燈籠。到公會堂難以繞舌了。」這意思是說成了燈籠就看成是燈籠。只是大坐當軒，難予回答。又問：「畢竟如何？」答：「頭落」這個有氣的死人着實答的痛快。至於雪竇和尚所說的「兩堂俱是杜禪和。」這句話是後人愚蠢的杜撰，杜氏所撰述的八陽徑誠屬愚不可及。這正是：「言不見勞而無功，要聞麼卑語臨終，黃河界上空往來，直到如今未樹功。」

十五 洞山三頓

本則：雲門。因洞山參次。門問曰。近離甚處。山云。查渡。門曰。夏在甚處。山云。湖南報慈。門曰。幾時離彼。山云。八月二十五。門曰。放汝三頓棒。山至明日。却上問訊。昨日蒙和尚放三頓棒。不知過在甚麼處。門曰。飯袋子。江西湖南。便恁麼去。山於此大悟。

釋義：雲門和尚因爲洞山和尚遠來參謁，他問他說：「最近離開的是什麼地方？」洞山說：「查渡。」雲門說：「夏季你在什麼地方？」洞山說「湖南報慈。」雲門說：「幾時離開的那裏？」洞山說：「八月二十五日。」雲門說：「記下你三頓棒子。」洞山和尚到了第二天上堂問訊說：「昨天蒙和尚記下我三頓棒子的譴責，我不知道究竟犯了什麼過錯？」雲門說：「你這個飯袋子，江西湖南，便怎麼樣能去？」洞山於是大悟。

講解：這位洞山和尙不是曹洞的洞山，乃是雲門的法嗣守初禪師。他曾說禪語「麻三斤」。雲門因爲洞山遠道而來參謁他，正好逗引禪機。雲門說：「最近你由甚麼地方來？」詮鑿來處，是禪師慣用的手法。洞山答稱：「查渡。」洞山尙還摸不着頭腦。雲門說：「夏在甚處」，慢慢的加緊了。洞山仍然是沒有注意。說到在什麼地方過夏，夏季是由四月十五日到七月十五日到七月十五日九十天的工夫是安居坐禪的好時候。洞山答覆在湖南報慈地方，那就是說在報慈寺結夏坐禪。洞山此時仍然不明白雲門試驗他的法義，茫然不知的回答「湖南報慈。」雲門又問他：「幾時離彼」。這是問他幾時起單的意思。雲門越來越加緊了。師父與徒弟見面的詢問，當然就是這件事情。這是師父的一言一句都是口頭試驗。在此時洞山應當了悟的回答才對。但是洞山仍然還不注意。參禪的要求到此應當是十分的圓滿了。而洞山不解其眞所謂對驢談琴。洞山答稱：「八月二十五日」這是多麼的不留心呢？這是多麼的不留心呢？這正是鴐與青龍不解騎。（青龍指的是名馬。）雲門不耐煩了說：「記下你三頓棒子！」先前幾次要你圓滿答覆而你竟不悟，記下你三頓棒子！」先前底次要你圓滿答覆而你竟不悟，記下六十禪子。可是他不說打只說記下！這仍是參禪逗機的話頭，表示出洞山的不悟糊塗。這「放汝三頓棒」五字，就是宗門的大陀羅尼。就是神咒。這是有促成了悟的效果。但是洞山到了第二天反問說：「昨天蒙和尙放三頓棒，不知過在甚麼處。」可見洞山是一夜碌碌無眠，次日早晨就來低頭合掌向和尙發問。雲門說：「飯袋子，江西湖南，便怎麼去？山於此大悟。」這時候雲門不耐煩的大聲的申叱他簡直是個飯筒，怎麼還在江西湖南的地方上兜圈子？於是洞山在這進退兩難當中，徹頭徹尾，由裏往外，忽然忘却了自己，注意到以前從未說出的跟脚大事之道。道在眼前，卽在我所問的物中。他所回答的某種物中有自己嗎？有他人嗎？由開始的一問一答之中，卽物窮理，大放光明。這眞是大慈大悲，使我們不知不覺的哭泣流淚。這並非是古人事先準備下的事情，而是爲了我們才留下了這無門關底。「旣是無門，更有何物能夠妨礙你呢？眞是慚愧慚愧。」這是洞山在歡喜之餘，說出了報恩底的一句話。「他後向無人煙處，不蓄一粒米，不種一莖菜，接待十方往來。」他這一種歡喜決不是一個人的自私。心悟之時則宇宙全是自己的分體。再沒有什麼可以說了。僅只是身入庵中也就好了。沒有毛庵，卽在樹下石上也就好了。沒有飯吃乞討也就好了。這正是：「大法重如須彌山，不同何人，來者不拒。代之加以鉗槌，正是今後報恩底生命。盡爲伊抽釘拔撅拔煩惱，拔菩提之垢，拈却炙脂帽子，取難取之習氣。脫却鶻臭布衫，無何臭味。敎伊洒洒地作箇無事衲僧，豈不快哉。得無碍自在境界，打出絕學無位之閑道人。再無比此痛快事。」因此不由得雲門不喜歡說出了上面一段話來。「彌身如槲子大，開得如許大口，先所言者尚有過，今更改換得如此大口，彷彿是有物。一口呑宇宙，宇宙卽汝身，大口又何妨。」後來雪竇又說了上面一段話，卽是印可的證明。雪竇是雲門的徒曾孫，洞山的甥徒之徒子。下面又是他報本反始的一段話。「拈曰。雲門氣宇如王，拶着便冰消瓦解。當時若據令而行，子孫也未到斷絕。」用這段話嚴加告誡後人。

拈提：無門曰。雲門當時。便與本分草料。使洞山別有生機一路。家門不致寂寥。一夜在是非海裏著到。直待天明再來。又與他注破。洞山直下悟去。未是性燥。且問諸人。洞山三頓棒。合喫不合喫。

若道合喫。草木叢林。皆合喫棒。若道不合喫。雲門又成誑語。向者裏明得。方與洞山出一口氣。

釋義：雲門當時便是給洞山的眞材實料，使洞山能別有一路生機，那就不至於使禪門冷落寂寥了。他一夜之中都是著落在是非海裏，直到了天明再來，雲門又給洞山破解，洞山當下即悟了。洞山是緩慢的了悟，並非是性情急燥而得。我且問你們：「洞山的三頓棒子，是應當不應當挨的？如果是應當挨三頓棒子，那麼草木叢林，都應該一樣的挨三頓棒子，如果說是不應當挨的，雲門的說話，豈不是成了誑語？能向這裏面明了，才能給洞山出了一口氣！」

講解：無門說：「雲門當時便與本分草料，使洞山別有生機一路，家門不致寂寥。」本分草料是棒喝的手段，草料是餵養牛馬之物。本分即是大悟的養料。這比用棒頭的指點還好的多。雲門不過是止於解釋而已，這不像黃蘗三度打材方，打的聲音叫的聲音一切都沒有，而洞山的悟解，也是快活的。待人接物要有生生之路，雲門的宗旨所以才不像現在的禪宗的寂寞凄凉。評唱家（指無門）都是要用加倍的力量來奪得禪機，這是一慣要用的手段。如果要是不以白浪滔天之勢，就不能成爲盛法。其次：「一夜在是非海裏著到。直待天明再來。又與他注破。洞山直下悟去，未是性燥。」洞山當夜是妄想百出，是非往來，睡又不得睡著，實是進退維谷。「著到」是當着的意思。又是行不通的意思。第二天遲遲的再問，雲門又給他下了一個註解，說：「飯袋子，江西湖南，便恁麼去？」這一手段，是非常的緩慢。這就是爲什麼不打的道理。誠然由雲門的眼中來看，覺是覺悟了但是不太伶俐，所以要罵。由此以下話鋒轉到諸人的猛醒上面，「且問諸人，洞山三頓棒，合喫不合喫。」如果是洞山無有過錯，雲門的三頓棒，就是不當喫的。這話不僅是對洞山，即如諸君有過，也應對照的說明。「若是合喫，草木叢林皆合喫棒，若是不合喫，雲門又成誑語，向者裏明得，方與洞山出一口氣。」要是洞山無過而被打，則草木一切所見之物，都不應該挨打，如果無過而不可以打，則雲門豈不是欺人？不見其皮而認其眞，不要輕輕的放過，這才能與洞山同出一口大氣。無門與雲門相隔年代深遠，揍他不着了，所以才說出一口大氣，使坐下猛省。這人聲草木聲風聲和心之騷動實在是可驚可怕！

頌：獅子教兒迷子訣。擬前跳躑早翻身。無端再敍當頭著。前前猶輕後箭深。

釋義：獅子教給獅兒着迷的訣竅，牠先做出跳擲獅兒的式子使獅兒很快的學得翻身的技術，雲門沒頭沒尾說給了洞山當頭一著，先前一箭是輕輕的一試，後來的一箭是深深的一著。

講解：獅子教給兒子跳躍翻騰的技術，牠先做出要跳躑獅兒的樣子，由千丈之崖把獅兒一蹴，而獅兒很快學會了大翻身的秘訣，緊緊的咬着母親的鬃毛不放。雲門之於洞山也是先行擬做出前進的姿態，說出「放汝三頓棒」的蹴落於險崖的言語，可惜的是洞山還沒有學得了翻身之勢。「無端再敍當頭著，前箭猶輕後箭深」雲門不得已拿出最後的撒手鐗來了。說出來飯袋子江西湖南便恁麼去得的最後一訣。所謂當頭著是最好的一著棋，這樣一來洞山才漸漸的得到了翻身之勢。雲門的爲人是一次不成而再次，可以說是慈悲深重了。無門此時也只得停下了惡口，仔細加以檢點一下看，三頓棒是前箭，而飯袋子江西湖南便恁麼去得是後箭，這當胸一箭直是空前絕後，如同再生復蘇的椰子。開開了呑吐宇宙的大口。然而無門又問諸君是作如何的感覺，不能說無關痛癢吧！雲門是千鈞之弩，決不爲汝等鼷鼠而虛發無門坐下了之後用眼四下裏觀察，有沒有感泣之人呢？「虎有起屍之德，猫有衂血之功，人不見道能無愧乎？」猛虎不吃死者的肉，必要見屍起而食。猫食老鼠不留一滴之血。人生在世乃是爲一大事的因緣而來，我們如不能開佛知見悟入大道，誓不爲人，應當不惜身命奪起鑽研才好。

「三頓」在刑法上二十棒爲一頓，共計是六十棒。「問訊」乃是合掌低頭。在永平寺的廊下左側張貼告示是：「遇上流之人必要問訊。」除了合掌低頭默默爲禮的同時，還有下對上表示少病無煩惱的意思。「起單」收拾起來禪堂的坐具，出外行脚。「喫」與打的意義相通。江西湖南古代是「禪」的盛地。

十六 鐘聲七條

本則：雲門曰。世界恁麼廣濶。因甚向鐘聲裏披七條。

釋義：雲門說：「世界如此的廣濶，爲甚麼要向鐘聲裏去披袈裟。」

講解：雲門曰：「世界恁麼廣濶，因甚向鐘聲裏披七條。」放開了眼界，天地都進入到眼中。世界是我們的世界是不容置疑的。由世界來看，我是世界，由我來看世界是我。名雖異而物則一。都成了我的時候則就無有了我。則何處又有妨礙着我的東西存在？所以雲門才說世界恁麼廣濶。人被山樹之景色所誘引，被鳥獸之聲音所驚動，人就成了聲色的奴隸了。這不是可悲可憫而愚不可及了嗎？因甚兩字是雲門的滴滴之血。這便是促成徒衆的猛省，使他們死而復蘇，又有誰能不感憤的興起呢？鐘聲是代表世間之聲。七條是袈裟的一種，代表種種之色。香味觸法亦復如間之聲。七條是袈裟的一種，代表種種之色。香味觸法亦復如是。這是指的門門一切的境遇。恁麼亦做如是解。無論何時都是如是。極樂也不過是如盆底之月。聽見了鐘聲就穿着袈裟，走到佛前誦讀經文。只此而佛法永不得絕。肚腹空了就去吃飯。只此而人卽不得死。如此說來世界不是如此的廣濶嗎？這正是：「海濶憑魚躍，天高任鳥飛。」「因甚」是爲了打消因甚的伏線。這是依地倒者依地起。如此才能夠使人到處胸襟廣闊，快快活活。不自卑亦不被人卑。君不見：「竹密不妨流水過，山高豈礙白雲飛。」「袈裟」譯做是壞色衣服。木蘭色（靑黑）是染的不正色，表示捨去了貪愛執着。袈裟有三種，五條是平服，是工作服。七條多紋，是入聚衣，當大衆聚會上堂時用的。以現代語可以說是中禮服，九條到二十五條是一種大禮服，參福皇帝，開堂大典時才用的。因爲牠的面積很大，可以包括了全部肉體。在印度古代是裸上半體，而以不露肌肉爲禮貌。現在人們戴手套也是表示禮貌之意。身着袈裟是佛弟子的標幟，在行法式的時候是一定要用的。和尚講經的時候是一定要披的。在家居士在解經提唱時候也應當穿着。袈裟又名解脫服或是福田衣。披的時候要半披半掛在肩上，實在是功德無量！

拈提：無門曰：大凡參禪學道。切忌隨聲逐色。縱使聞聲悟道，見色明心。也是尋常。殊不知。衲僧家。騎聲蓋色。頭頭上明。著著上妙。然雖如是。且道聲來耳畔，耳往聲邊。直饒響寂雙忘。到此如何話會。若將耳聽應難會。眼處聞聲方始親。

釋義：無門說：「大凡是參禪學道之人，切忌的是被聲色所迷惑牽動。縱令是聞聲而悟道，見色而明心，這也算不了什麼大徹大悟。你要知道出家之人是不着聲色超脫於聲色之上的。處處都是光明，點點都是妙境。雖然是如此的說法，究竟是聲到耳邊來的呢？還是耳往聲邊去的呢？必須要聲響與寂滅兩忘的境地，到那時候將會用什麼話來形容？這就是用耳來聽聲音是難以理會，用眼睛來聽聲音才能夠相近哪。

講解：無門云：「大凡參禪學道，切忌隨聲逐色，縱使聞聲悟道，見色明心，也是尋常。」參禪學道的立場，是不能受環境所轉禍的。必須要有包容一切的大度量。縱令是像香嚴和尚聞竹聲而悟道，靈雲和尚見桃花而明心，但如果是正眼看破了禪機，這都還不足為道。在未悟之前，雀鳥是忠心，烏鴉有孝意，柳綠花紅，聲色不變。不了能電氣的人是多麼的尊貴，可是在我們則不再有什麼珍奇而奪取了牠。這一切都是促成了我們的自信。其次是：「殊不知衲僧家騎聲蓋色，頭頭上明，著著上妙。」衲僧是身穿破衣而不拘形態甘於淡泊的和尚。形體隱於深山如槁木死灰，而心則妙法生蓮。如這樣的人，則天下之聲卽是我之聲，無論是何物都可以乘轉無有阻礙。趙州和尚所謂：「世人被使十二時，我則使得十二時。」世界的色像亦卽是我的色像。這蓋色之蓋，也就是力拔山兮氣蓋世之蓋。無論是起居坐臥，都是穩穩不動的安眠於聲色之上。「著著」是一舉一動都得上宗乘的大自在。著著是由圍碁而出來的用語。形容國手的高明精妙。一著一著的來看，成碁而立刼，死中求活，這是高棋國手絞碎了腦汁的戰場。但是我們佛教却以死看做是佛教的生命，看做是得救。無死就不得生。死才有了活動的時候。用慧眼觀察世界是如此。「然雖如是，且道聲來耳畔，耳往聲邊。說起來是容易，而做起來就難了。試問聲音是什麼呢？一但伸出來又是如何切斷？鐘聲是從對方到耳朵裏來的嗎？是撞木的聲音呢？還是鐘的響聲呢？

而又是兩者很快的成爲一種音聲呢？不然的時候，是耳朵伸出向對方去迎接聲音了嗎？是鐘鳴還是撞木鳴？我們向對方聲在之處彷彿看見了聲音。同時也想到了此處聽見聲音的人是存在着的。於是天下大亂就起來了。對於這一如朝露之聲音，我們要堂堂正正的參悟一下才好。「直饒響寂雙忘，到此如何話會。」音響是境，寂靜是心，心境原來不二。依正本來是一體（卽物客觀是依，主觀是正）雖然是心是兩忘，但這第八識的反叛開始活動，這就不能統一了。這就是和平而又是不和平了。鐘本是不鳴，撞木也是不鳴，但是沒有人說鐘與撞木之間的不鳴，而都是說木撞鐘鳴。人的舌頭一動是馬跑也趕不上的。這是千古以來無法解決的問題。這眞是可惜可嘆：「無量刼來生死本，痴人呼爲本來人。」其次是：「若將耳聽應難會，眼處聞聲方是親。」這是最後畢竟要忘却自己身心全都脫落，才是究竟之道。所謂放下了耳眼，就是無目得見，無耳得聞。無目之時天下都是我目，無耳之時，宇宙皆是我耳，更有什麼能夠妨礙了我呢？古歌云：「耳見眼聞之時，一切實法之旨。」要好自參悟！

頌：會則事同一家。不會萬別千差。不會時事同一家。會則萬別千差。

釋義：體會了的時候是無分彼此，未體會的時候是千差萬別。未體會的時候是無分彼此，體會了的時候是千差萬別。

講解：「會則事同一家，不會萬別千差。」由覺悟的眼光來看則是四海一家，不分彼此，何能有互相侵犯。抓住了强盜，如見我子。忘却了我的時候則一切莫非是我。於是感覺世界是非常的廣濶。「不會萬別千差」，世間再沒有比不明白的人可悲了。分人我自他，乃至貧富貴賤，千差萬別，分此分彼，黨同伐異，製造不安，疑心生暗鬼，四週盡是敵人。這只是因爲他是「不會」的道理。「不會」則責任在我，應當使之無漏而會。至於說「不會時事同一家。」這是由正眼來看，則因其不悟，物物相同，放眼則天地一切都入於眼中，世界是如此的廣濶，更又誰無惻隱之心？赤子落井誰能袖手旁觀。不悟是因爲不注意之故。生來的根本無論好壞都是一家。世間與我是密切相接無法切斷的。「會則萬別千差」。這是說悟了之後，天是天，地是地，人是人不能混亂的不分。見時如其所見，聞時如其所聞，任何時只是隨聲逐色。表現出自己信仰的强烈。超越在「會與不會」之上而洒洒脫脫。無論如何是一家之千差，千差之一家。出言無狀，不言而喻。雖無有言，而貞吉悔亡。至誠可以動天地。鷸蚌之爭漁父歡。不破八識一切白說，咄！蝦蟆跳不出斗去。這會不會之斗要你來超出一番。日本大原孚上座投機之偈曰：「憶昔當初未悟時，一聲畫角一聲悲，如今枕上無閑夢，一任大小梅花吹。」

十七 國師三喚

本則：國師三喚侍者。侍者三應。國師云。將謂吾辜負汝。元來却是汝辜負吾。

釋義：國師召喚侍者三次，侍者答應了三次。國師說：「我將要說我對不起你，却元來是你對不起我。」

講解：「國師三喚侍者。侍者三應。」國師是指忠國師是六祖的高足弟子。得道之後四十年未曾下山，長養聖胎。他的道行被皇帝聽到了，封爲國師移居到南陽的櫰子谷。他的侍者是耽源和尚。有一天他招呼侍者之名，侍者立刻應「有」。三次招呼，三次應有。這是什麼意思呢？是要參悟一番的。呼而答應，是山谷的回音。國師又云：「將謂吾辜負汝元來却是汝辜負吾。」這是說我的無用之呼聲，是辜負吾。」這是說我的無用之呼聲，是辜負了你，但是你却無故答應「有」，這却是你辜負了我。你糊塗我也糊塗，兩個糊塗對糊塗，狂歌呼應，關係相親，在一句話上證明了究竟。從此之後侍者寮就改稱爲三應寮了。

拈提：無門曰。國師三喚。舌頭墮地。侍者三應和光吐出。國師年老心孤。按牛頭喫草。侍者未肯承當。美食不中飽人湌。且道那裏是他辜負處。國淨才子貴。家富小兒驕。

釋義：無門說：「國師三次召喚，舌頭墮落到地下。侍者三次答應，吐出和悅的光明。國師老了心中感覺孤寂，他想强按着牛頭來喫草，侍者不肯擔當這責任。好的食物對於吃飽的人是不中用的。那裏還有什麼辜負的地方。天下太平才子是可貴的。家庭富足小孩子就有驕氣了。」

講解：無門曰。「國師三喚。舌頭墮地。」這是說國師說話過多了，世間之事多半是勞而無功。「侍者三應，和光吐出。」這是說國師有問，而侍者必答。這是很好的回答，大道就在這問答之中，所以叫做和光吐出。「國師年老心孤，按牛頭喫草。」這是兒子燒菜，又親想給加點調和。年老的人就很少有依靠的人了。對於人所不喜歡的事，硬叫他去做，別人看見也是不過意的。所以說牛不喫草不能强按頭，這於道德有虧。「侍者未肯承當，美食不中飽人湌。」侍者因爲肚腹已經吃飽了，再不需要接受什麼食物。就是說自身已足不待外求之境界。「且道那裏是他辜負處。」國師說的辜負我們暫且不談，無門的意思是說侍者一向沒有辜負國師。姜太公釣魚是願者上鈎。「國清才子貴，家富小兒驕。」孔子曰：「邦有道則仕。」國家的政治清明，則人才輩出，不以祿位爲重，所以才子名高，受人尊崇。家中富足，則兒童無有不足之感，對於玩具一切都不在眼上，所以就有了驕氣。

關於這一條應各自返照一下，這是無門的心髓。

頌：鐵枷無孔要人擔。累及兒孫不等閑。欲得撐門並拄戶。更須赤脚上刀山。

釋義：無有孔的鐵枷要人能鑽得進去，這樣使兒孫受累不得清閑。如果要想兒孫撐得住門口，須得有赤脚跳上刀山的勇氣。

講解：「鐵枷無孔要人擔，累及兒孫不等閑。」通常脖子上的刑枷都是有孔的，而現在則說的是無孔之枷。如果能夠一旦套在脖子上，就歷萬刼而不化了。如果把牠打翻掉，那就給子孫留下了永久的災禍。因此繼承衣鉢也決不是容易的事。達摩說了一切而又是一切不說。這就是無孔之枷。但只是摘了一半。「欲得撐門並拄戶，更須赤脚上刀山。」眞的要想不絕達摩的宗風，那要在無孔鐵枷之上，還得要赤着脚跳上刀山，非要到皮肉壞爛根根斷絕的時候，才算得上是孝子順孫。國師這樣的顢頇，正是託國師的話來告誡現在的老婆禪。這正是：「雪後始見松柏操，事難方知丈夫心。」

十八 洞山三斤

本則：洞山和尚。因僧問。如何是佛。山云麻三斤。

釋義：有個僧人問洞山和尚，「佛是什麼？」山說：「三斤麻。」

講解：這個洞山並不是曹洞的洞山和尚而是雲門和尚的法嗣。「洞山和尚。因僧問。如何是佛。」這是任何人都想要知道的事。「山云麻三斤。」這就是生也三斤，死也三斤，逆也三斤。順也三斤。無論到什麼地方都是一樣的分量。無論誰來秤一秤，是都不錯的，妙就在於這裏。廣大的麻三斤，長遠的麻三斤，使得佛祖倒退三千，何況是外魔。這麻三斤的意思就是說佛的不增不減。

拈提無門曰。洞山老人。參得些蚌蛤禪。纔開兩片。露出肝腸。然雖如此。且道向甚處見洞山。

釋義：無門說：洞山老人，懂得了一些蚌蛤禪，剛纔張開兩片殼，就露出來裏面的肝腸。雖然是如此，但是向什麼地方能方能以看出洞山的眞面目。

講解：無門說洞山開口見腸，露出五臟六腑。不算是什麼高明的禪機。但他所說是任人都有的。可是都對於自己脚下不肯用心。現在無門和尙道出洞山的機密，稱頌洞山是打開禪的秘密，所以最後用且道向甚處見洞山來頌揚一句，以做結語。

頌：突出麻三斤。言親意更親。來說是非者。便是是非人。

釋義：突然說出三斤麻，言之親切，意思更是親切。來說是非的，就是在是非當中的人。

講解：洞山不前不後，突然的說出麻三斤，言意的親切是用手摸不到觸不着的。這在六根當中只舉出舌意兩端，而略却了其餘的（眼耳鼻身）四根。「言親意更親」是忘却了自己一切，麻三斤就是麻三斤，物之本身是沒有是非的。只是因爲人給加上了是非而起了相爭。能夠洞徹了此一點，人就是覺者。「來說是非者！便是是非人。」所以應當無是亦無非，才是自在人。這正是：「呼狂呼暴任他評，桃紅李白自然色。」我們只有一心向信處邁進直去，自然達到目的。只有在菩提心下打坐，悟解了禪機，則手之舞之，足之蹈之。釋迦坐菩提樹下見明而悟道，有情非情皆可成佛。道元禪師也說：「峯色谷響皆是釋迦牟尼的聲姿。」

一般人常把世界稱做是世間，原來「世間」在梵語叫做路迦。而「世間」則叫做是摩路迦。所謂世是遷流之義，如水流變遷不止。人都是不認識自己，如果眞正的認識了自己，則宇宙全都是自己。聖人是無己無不己。其次「世」這個字還含有諸行無常諸法無我的眞理。諸行如果不是無常，則我們一日也不能夠生存。我們由幼到壯，由壯到老，由愚到賢，由弱到强，由生到死，都是無常之賜。因爲無常所以無我。能夠無我，所以才有大我。體達大愛才是佛道的極意。世字竪三横一，竪三代表是現在、過去、未來，横一是代表的空間，「界」是代表間隙，即是差別之意。只因世界無常，所以就應乎必要而分出種種事物。唯其無我，所以天地萬物皆是一體。而並且都是平等的。因此差別即是平等，所以平等是要在差別之上無諍與融和才是眞正平等的意味。我們應當在這一體一家之下，常常來做無我法的實驗。應當認識自我，不可把這廣袤的世界認作是狹隘的而互相相爭。金剛經上說：「世界非世界是謂世界。」我們應當打消了自我，建立一個更美的世界。非就是脫落，是無我，也可以叫做「非」的世界。就是一字不識的人，也是世間之一份子，使無知之人成爲有知，這其中含有極有趣味的眞理。娑婆是忍土，又可譯爲缺減。世界既然是一物，則就不應當煩惱。凡事如不忍耐則一日也不能生存。所謂忍也並非是强忍所不可忍。而是能忍所不能忍。於是娑婆爲一忍所，穢土即成淨土了。娑婆世界其中頗含有教訓的意味。因此坐禪是標本，而公案則是左證。蚌蛤禪是大惠禪師的言語，他說：「我的禪是蚌蛤禪。」即是說與衆不同的。只說一言而了解全般。直下會得，當下即了。但不能說。所以虎丘到現在仍然是子孫不絕，禪宗不斷。說蚌蛤禪的大惠一派反而斷絕了。大惠有時也採用碧巖禪，決不出惡言，只是叩機而立斷。

十九　平常是道

本則：南泉因趙州問。如何是道。泉云。平常心是道。州云。還可趣向否。泉云。擬向卽乖。州云。不擬爭知是道。泉云。道不屬知。不屬不知。知是妄覺。不知是無記。若眞達不疑之道。猶如太虛廓然洞豁。豈可强是非也。州於言下頓悟。

釋義：趙州和尙請問南泉和尙說：「什麼是道？」南泉答覆說：「平常心就是道。」趙州說：「還有什麼趣向無有？」南泉說：「擬定方向就錯了。」趙州說：「不打算去爭，就是知道。」南泉說：「道不屬於知，也不屬於不知。知就是多心的妄覺，不知就是不明善惡的無記。如果要是眞能達到不疑之道，好像是太虛中的廓然洞豁一無所有的景色，豈可强有是非。」趙州當下就頓然了悟。

講解：道是無所不在的。（空間）彷彿掬水月在手。是無時不有的（時間）正如弄花香滿衣。古人眼睛也是横的，今人鼻子也是直的。道是無論何時都不死的。卽令是死也是道。天下沒有死就沒有生。死就是爲了生。我們應當把死看成是爲了新的大活動。又可以看成是得救。因此佛祖看生死如同春天百花的開放。又說生死是佛命，是佛道，如果沒有道就沒有人，也沒有世界了。這就是南泉所說平常心是道的道理。日人豁山對於義介的參禪，義介問：「何以平常心是道？」豁山說：「黑漆崑崙夜裏走。」這就是說道是無有思慮分別進入的間隙，有了分別就不平常，所以道是先要忘掉自己。我們平時實在正是在不斷的做到忘掉自己。但是做不到的仍然還是做不到。說洗臉而不去洗臉，說走路而腿不舉步。義介說：「道在何處？」豁山說：「遇茶喫茶，遇飯吃飯，這樣就給與了印可。」這一段話也可以做爲這一則的趣向。這就是道在心中的思維，而不在崑崙山上。

原文首先說：「南泉因趙州問如何是道。泉云。平常心是道。」這是說道在近不可反求之遠。佛道只在人人脚下。被道礎當處自然明了。如有障礙當下切斷。禪宗常說：「被悟礙道人圓成。」無論是築著磕著都是佛道。不明白這個道理就是凡夫。所以說一切求十萬億佛土或是呼神喚佛，都還不如南泉的以宇宙爲全道爲全自己（大我）平生之外無道，止於求心而已。而此心並非是在身之外。身心原來是不二。心不過是我們平常動靜自在底的贊嘆形容之詞。平常心是道就是喚起平常心也就可以了。這是南泉三十年來的滴滴心血，不能把它容易看過。

其次「州云。還可趣向否。」趣向是如何修行其道而所向的道路。問道的佛本來也是凡夫。趙州也有不明白的時候。凡夫覺悟也就是佛。人人都可以成佛只是要有菩提心。南泉所說：「擬向卽乘。」從前南美亞馬遜河下流，河幅寬處有三百多里的地方，像海一般的河流。有某國的船離着很遠的向英國船做信號要求給一點水喝。於是英國船給了他們一個返回的信號說：「如果你要水，放你自己的血喝吧！」這個笑話是說某國的船錯把淡水當做鹽水，而英國船告訴他應當求諸自己不要錯求諸外。這也可也說是一種口頭禪。其次：「州云。不擬爭知是道。」當人們不明白的時候，無論怎麼說也是不明白。所謂擬就是猜比思量忖度而修。修證是原來不二的。修行的五十二個階級都不過是原來初發心時便成正覺的初住地時所發生的。五十二位只不過是忘却自己之道。（無我）忘却了自己的時候，則一舉一動都成了宇宙的動作。於是就自覺到了得救。這就叫做一超直入如來地。趙州後來也得以轉使每日的十二時，但在現在說話的時候，還是被十二時所轉呢！「泉云。道不屬知。不屬不知。知是妄覺。不知是無記。若眞達不疑之道。猶如太虛廓然洞豁。豈可强是非也。」道是無所不在的，有能求之心，卽是所求之道。用眼可以看眼，但眼就是眼，如果要看，要看白雲萬里之遠。如果是不想看，那就是本來具足。道是超越了知與不知之上的。如果僅是一知半解那就猶如聚積大火燒燎面門。道如塗有毒藥之鼓，如果對它是完全不知，就有喪失身命的危險。如果要是太過於用心求知，那就是妄覺。如果不知到了極致，那就是不知者叫做無記。無記就是不着善惡的頑空。頑空是無有作用的。現在打破了知與不知又有何疑？太虛是無物不包，無物不容，大哉是道。如是則廓然明了，而是非議論就無有可入的間隙。「州於言下頓悟。」趙州於是就止息了貪求之心，放下了無始的重荷。言下頓悟，是很快的就換骨脫體，當下就能確切了悟平常成佛之底。但這並非是自己的自誇，而是南泉由祖師的相承的證明，不可視同世間的妄安心。

「道也須與不可離。可離非道莫尋思。只見百丈下堂句，喚便回頭是阿誰。」百丈禪師上堂，道也上堂。堂下大衆也正式得以見道。但是百丈禪師一言未發就下堂而去。大衆也要隨之下堂就不期然的喊了一聲，當着大衆回頭一看其間不得容髮的時候，百丈說：「是誰？」這正是：「期間有何物，大道透長安。」「一呼一諾明了了，吐却從前滿肚禪。」大衆果有其人與否，不得而知，後來叢林下堂語「是誰」就成爲了公案。這恐怕也是古人的一種設計吧！」

拈提：無門曰。南泉被趙州發問。直得。瓦解冰消。分疎不下。州趙縱饒悟去。更參三十年始得。

釋義：無門說：「南泉被趙州問道，當下卽得，一切都如瓦解冰消，道是分辯不得。言說不出的。趙州縱然了悟，仍然要再參悟三十年才行。」

講解：「無門曰。南泉被趙州發問。直得。瓦解冰消。分疎不下。」這是無門更進一層把南泉與趙州一齊扔到西海之中。換言之，是誰也有敗欠之處。瓦解冰消是一切歸於完了，顯示出來了他們的身價不過如此而已。分疎不下，是言傳不及的，本來此道不在於問答之上。「趙州縱饒悟去。更參三十年始得。」因此趙州雖然就是得了道，也是難免要喫三十棒，再經過三十年的參悟。趙州也不過是同穴之物耳。他是被南泉狐狸所掣制，兩個人來賣詞買詞。無門如此說法是奪却了一切，使後來人不要在南趙兩人的語脈裏打轉轉，這眞是無門的血滴精髓，不可放過。

雪竇曰：「這裏還有祖師麼？」自曰：「有，喚來爲老僧洗脚。」這句話要仔細研究研究。這正是：「達摩不來東土，二祖不往西天。」

頌：春有百花秋有月。夏有涼風冬有雪。若無閑事掛心頭。便是人間好時節。

釋義：春天的花，秋天的月，夏天的風，冬天的雪。這些都不算得什麼，只要心無閑事的牽掛，那就是人間最好的時節。

講解：「春有百花。」花是什麼呢？徒惹人愁，我們的花是除了活動之外，別無景色。「秋有月。」「貪看天上月，失却掌中珠。不傷肩背不得為良商。「夏有涼風。」不掬糞水，不能成良農。滅却心頭火自涼。只有忘却自己（無我）才能得到眞涼。成佛之道是陰闇清涼。「冬有雪。」雪是可以融化的雪。但我心則無論何時都是白皖皎潔的。這正是不入死地不能成良士。「若無閑事掛心頭。便是人間好時節。」閑事是無用的事，二重的妄想。我們要想由死之中入於生地，那就要殺了所謂死的大佛，擲掉了所謂失敗的天使。這樣遠不是志於富貴塵埃的英雄所能比擬的。一心志於道而不羨其他，此時就忘却了天下一切之有，我們回首看一看古來未經失敗的豪傑能有幾人？孔子在大樹之下講禮，桓魋伐樹想要謀殺他，孔子曰：「天生聖德於予，桓魋其奈予何。」泰然自若，安住不動如須彌山，這豈非是人生的最好時節嗎？這正是：「不問此秋風與雨，今朝勤把田草鋤。」「鷲山雖高難遮窗前之月。」好自參悟！

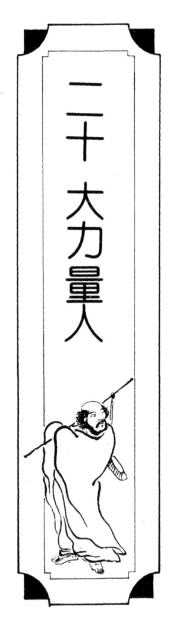

二十 大力量人

本則：松源和尚云。大力量人，因甚抬脚不起。又云。開口不在舌頭上。

釋義：松源和尚說：「有大力量（修行）的人，爲何不容易抬脚（起座）。」又說「開口（念佛）不在於用舌頭。」

講解：大力是什麼？釋迦佛陀說忍辱是大力。禪就是無生法忍。忍就是成盡其物而不他顧。坐禪的時候是只管打坐。我們稱釋尊是「能忍」。一般人不能堪受其物，就不能夠得上能忍。因爲不堪順應而再向上求，所以就生出來了苦惱。我們處於齷齪地方也可以減殺了能忍的能率。逆來而不堪忍受反而强要逃避，更嚐到了二重的苦痛。求神反而陷入了深淵，托佛反而是無纏自縛。終久是要落到死亡的牢獄之中，前途只是一片漆黑，在闇中只有哭泣。我們坐禪就可以生出堪忍的大力量，寂然無言，澄徹光明，此時是心月孤圓，光呑萬象。因此可知維摩之無言並非是沉默。只是在默默之中，認許而不絕。大力量果然在於什麼人的身上，這是我們應當參悟的要處。無論何人想具有這個大力量，就應當大徹大悟這大力量的根底在於何處。

松源和尚學的是黑豆禪，壓到了古來濟洞的叢林。黑豆是動輒見諸於文字，而松源在此處並不是那樣的。禪林的林才輩出松源和尚的功勞是不小的。據考松源的系譜是，圓悟的徒子有虎丘。虎丘是和大惠彼此師兄弟間對立的。虎丘的徒子有應庵，應庵的徒子有密庵，密庵的徒子就是松源。松源的徒子是運庵，運庵的徒子是虛堂。虛堂傳到了日本的大應和尚。松源和尚得到了密庵的印可，用三轉語來接引人。在本書無門關中僅有兩則。此外還有：「明眼人因甚紅絲線不斷。」的句子。他都常常用「因甚」二字。「因甚」是五祖演禪師（東山）的暗號密令。五祖是圓悟的師父。「因甚」是拶殺之法，是禪裏的大勦絕法。是室內的一個大穿鑿物。紅絲線不施是還沒有能切斷妄想的赤絲，尙爲生死所纒縛的意思。七寸草鞋橫行天下，行脚年久，足裏皮厚。這時候就看不出血脈來了。這是比方大修行底的狀況。即令是透過了公案受了印可的宗師，如果不能取除貪愛的習氣，斷盡了私念的漏洩。那麼自己這一個宇宙天地，仍然是一個虛假之物，仍然是一個怪物。因此「因甚」二字就是修道的一個工具，應當實參實究看破了一切才好。

本文：「松源和尚曰。大力量人。因甚抬脚不起。」這一條應當看做是人人的生活價值應當如何的來返照。百年歲月不過五尺之重。一切的宗教都是說人的無限生命。急應求之，無待他日。一旦死亡降臨，追悔不及了。我們必須做一個無量的大人，這就是馬祖所謂：「萬法無侶獨立漢，一口吸盡西江水。」抬脚的抬字，是自由的分際。不肯抬脚是自己把自由之脚捆縛傾跌了。於是又有「因甚」二字出來。這是要捨棄室內的妄想。入一回要新一回。因甚二字是勸絕了它。要覺悟或爲大力量底的人。「誰家竈內火無煙！咄！」又說：「開口不在舌頭上。」這是用舌頭說的道理。不開口心中念佛。現在的人是口頭念佛是易往而無人的念佛。用嘴說說就算了嗎？當你開口是正想着在開口嗎？如此就忘却了自己了。參透這二轉語，則紅絲自斷了。

拈提：無門曰。松源可謂。傾腸倒腹。只是欠人承當。縱饒直下承當。正好。來無門處喫痛棒。何故。聻。要識眞金火裏看。

釋義：無門說：「松源和尚可以說是披肝露膽的說實話。只是沒有人來接受。縱然是有人當下就接受了，那正好去到無門那裏喫打三十痛棒。爲什麼呢？看！眞金是不怕火煉的！」

講解：無門曰。「松源可謂。傾腸倒腹。」這是說松源和尚投出了一切的身價，「只是欠人承當。」但是結果利息不足，缺少人來承受。那樣吝嗇的東西，誰願意要它？這正是美食不中飽人餐。「縱饒直下承當。正好。來無門處喫痛棒。」說是當下承受，但是已經晚了八刻。證明眼前的證據不足，不須開口念佛，誰要是高聲念佛，吃我的痛棒三十下。現今的禪語也都好模倣這種打喝的說法。我們聽了無門的戰鼓聲響打，破了無字，這眞是青天白日一聲雷的境界，感覺到自己實在是本領不濟。所以我們更須喫他三十痛棒的裏手。爲什麼呢？你且好好的看看？要知眞金是在火裏才看得出來。「聻。」是指物的語氣，接在它的下面句子，是好好的看一看！「火光飛入我室內，顏色照耀處處鮮。」透過了這三轉語，就思得了轉轆轆的妙境。世間人心的善惡，不過表現的有限時刻，蓋棺而後論定矣，暫！

頌：抬脚踏翻香水海。低頭俯視四禪天。一個渾身無處著，請續一句。

釋義：抬起脚來踏翻了香水之海，低下頭去看看四禪之天。一個全身是沒有着落之處，請你再給續上一句如何。

講解：頌曰。「抬脚踏翻香水海。」這是歌頌香水海的大力量底。香水海是包圍在須彌山外圍八功德山的鹼水，這一個大力量可以踏倒包圍着世界的水勢。這眞是在一擧手一投足的無我狀態之下，刹那之間就可以振動宇宙。如果無有這個東西，就無有宇宙。由此充分形容出我們的威嚴。日人佐久間象山說，「吾年二十而知有關四夫之一行一國，三十而知有關四夫之一言天下。四十而知有關天下九洲。」門外的人尙且能夠如此的說法，我們研究佛法的禪家者流豈不要愧煞！「低頭俯視四禪天。」四禪天是由須彌山往上禪定修道的高上世界。我們就着眼下所見的就應當知道全身的絕大。這是形而上的大見識。「一個渾身無著處。」超越了無限的時間，同時又打破了無邊的空間。全身成了無可容身的絕大之物。這只是在我們一擧手之上而得的。此所謂萬法歸一。這一是歸於何處？快說，快說殺佛殺祖的談論究竟是爲何？「請續一句。」無門不做結語，問殺了天下之人。怎樣的續上才好呢？「比這個絕大的」是什麼？但是如果不斷絕這大小的力量乃是無法談論的。這正是：「願待來年蠶麥熟，羅睺羅兒與一文。」羅睺羅是乞食者。甲斐的祖曉在結句上續了一個「無」字也還是沒有能夠徹底！

二十一 雲門屎橛

本則：雲門。因僧問。如何是佛。門云。乾屎橛。

釋義：雲門和尙被僧人問他說：「佛是什麼？」雲門說：「乾屎橛！」

講解：「雲門。因僧問。如何是佛。」佛身充滿於法界，所以無論是什麼物質的造出來，沒有不是依佛的意旨。實在說來，如不是由一法界造出來的，那都是假物。這正是「數他寶無半錢分。」孔子曰：「勿自欺。不誠無物。」他人問我可以答他是山是海。如果是心來問我，應當做什麼回答。方門說：「乾屎橛。」那就是乾屎橛。是不可擬量，不可擁滯完全是捉摸不着的。我們把一切都驅逐乾淨，就看出了純一的工夫。有人說禪宗呵佛罵祖故意把佛比做汚穢不堪之物，這種想法是可笑之至。說乾屎橛而它並帶有絲毫的臭味。有人如果問我佛是什麼，則我將答覆他是油二兩與洞山的麻三斤可以互相發明。

要仔細的參悟？

拈提：無門曰。雲門可謂家貧難辨素食。事忙不及草書。動便將屎橛來。撐門拄戶。佛法興衰可見。

釋義：無門說：「雲門可以說是家中貧窮連素食都備辦不起。事情忙碌連用草字寫字都來不及。動不動就用屎橛來撐門拄戶，也可以看出來佛法的盛衰了！」

講解：「無門曰。雲門可謂家貧難辨素食。事忙不及草書。」這就是學道先須學貧。天下再沒有比什麼也沒有的樂趣大了。既不怕偷，又不慮守。一簞食，一瓢飲，人不堪其憂而回也不改其樂無憂無慮的心情。這完全是佛法無邊的蓄積。貧乏的沒有時間寫字，即令是寫字，寫的是什麼連自己也不知道，在無心無意之中乾屎橛三字就脫口而出了！「動便將屎橛來撐門拄戶。佛法之興衰可見。」然而後世的學者都非常的珍視這段公案，利用廢物屎棒，擔起千載的重擔子，維持下來懸絲不斷的佛心宗。這是不可笑止之事，為何反而呵罵呢？無門暗示不可坐在公案上不動，轉悟了之後，馬上就得要捨掉，這正是傷弓之鳥見曲木而高飛了。

頌：閃電光。擊石火。眨得眼。已蹉過。

釋義：閃電擊石的火光，眨眼的工夫就錯過去了。

講解：「閃電光」是說的雲門乾屎橛的境界。等你要看見的時候早已不知到什麼地方去了！「擊石火」天地一塊沒有進入思慮分別的間隙。石火猶嫌遲緩！「眨得眼。」極言其速。「已蹉過。」已字是非常的有力。要見之時，白雲萬里。不見之時，即在其處。見則即逃，有而不見。望眼欲穿，狼狽不堪。三祖曰：「不用求眞，唯須息見。」

天桂和尚的三轉語之一是：「不稱彌陀佛，南無乾屎橛。」從前淨土僧要說乾屎橛，那就有誹謗佛祖的大罪。道元禪師曾說：「我們聽了如果感覺可厭，我們自己是可悲的。」乾屎橛是天地之因。正法眼藏洗淨卷裏有「厠籌」的比喻，也是指的乾屎橛而言。

二十二 迦葉刹竿

本則：迦葉。因阿難問云。世尊傳金襴袈裟外。別傳何物。葉喚云。阿難。難應諾。葉云。倒却門前刹竿著。

釋義：迦葉因被阿難問他說：「世尊傳給了你金襴袈裟以外，還別傳了什麼物件。」迦葉說：「阿難！」阿難答應：「有。」迦葉說：「打倒門前的旗竿吧！」

講解：「迦葉。因阿難問云。世尊傳金襴袈裟外。別傳何物。」迦葉是禪宗的第一代祖師。釋迦並非是傳給迦葉，釋迦是傳給了釋迦。我們不可忘記這是水水相傳。釋迦阿葉與阿難同是釋迦的十大弟子之一。阿難是多聞第一。他脫却智解的重擔，歷經了漫長的歲月。一切經典都是阿難所作。因爲他的記憶力很好，有人說他是如來的再來。還有人說這是阿難的吹噓。在每部經典的開頭，都有如是我聞的字句。是說這阿難證明他確實的聽到而不錯的意思。阿難是在如來成道之夜降生的。因此他沒有能夠參功華嚴的會座。當他入於覺三昧中毫無分秒之差。阿難是如此的多聞多智。如來入滅後他奉迦葉爲師，二十年間辛苦的工作。迦葉使他參悟公案說：「由鑰匙的洞裏鑽進來。」阿難雖然是多聞多用思慮，但是得到參悟入處，却是很遲。鑰匙的洞雖小，如果我們心是一無所有，即令是多麼小的洞穴，也可以自由的透過。阿難在以前並未注意到這個道理，而現在是解脫了悟，體達了鑰匙孔洞透過的道理。他在歡喜之餘跳進去來問迦葉。他說：「世尊曾傳授給你金襴袈裟以爲印可之證，此外還有別傳的什麼物件沒有？」按正法眼藏是人人的本具底，阿難的底意，是說人人皆能做到無待他傳的。迦葉當然明白他的意思，阿難這一問，並非是尋常。當然不能隨便答覆。「葉喚云。阿難。難應諾。」迦葉與阿難這一問答，其間並無思索，是顏顏相對中心無可容之像。這是水洩不漏的密付底。所以無怪乎：「葉云。倒却門前刹竿著。」這是迦葉給阿難的印包證明。按印度的習慣，佛弟子與外道論義的時候，兩方面在門前各立一桿，那一方面敗了，就把旗子倒下來。迦葉阿難旗鼓相當，阿難要是領頭，迦葉當然旗倒。這是一出一入之理。這就是你要開店我就結束了。但是此處還有單另的好思量存在。密參卽可知其意了。這就是佛來佛倒，長江後浪催前浪，世上新人換舊人。「著」字是助詞。

拈提：無門曰。若向者裏。下得一轉語親切。便見靈山一會。儼然未散。其或未然。毘婆尸佛早留心，直至而今不得妙。

釋義：無門說：「如早要向對方下一親切轉語，可知靈山一會仍然還在繼續未散。如果不是這樣，那就雖然由毘婆尸佛的很早時代留心鑽研，直到如今，仍然是不得其門而入。」

講解：「無門曰。若向者裏。下得一轉語親切。便見靈山一會。儼然未散」。者裏是此呼彼應的山中的回音。一轉語是一隻眼的事。於法卽得自在的事。但這並非僅只是解釋言句。卽是說下得轉語親切，則釋迦、迦葉阿難在此處均可以復活。不僅是靈鷲山顚，卽我之窗前也有明月。自古以來眼橫鼻直，饑食困眠，並無相異不同之處。彼時之世界與現今之世界並非是別個。「其或未然。毘婆尸佛早留心。直至而今不得妙。」此所謂驢前馬後的俗人，無論何時也不能明白。做人有血有淚只是促成人的慚恥與勇敢。猫教子捕鼠，也需要些時日。毘婆尸佛「廣說」譯爲七佛最初之佛，不知道經過了幾億萬年的歲月，這是形容時間的古老。早留心是說修行之早。刹是寺，竿是幡竿。阿難的意譯可以譯做慶喜或是歡喜。容顏端正使人每見歡喜。他是斛飯王子，世尊的從弟，提婆達多的弟弟。

頌：問處何如答處親。幾人於此眼生筋。兄呼弟應揚家醜。不屬陰陽別是春。

釋義：問的不如回答的親切，使得旁人看得紅了眼睛。家醜不可外揚，兄呼弟應道在其中矣。不屬於陰陽是別有天地。

講解：「問處何如答處親。幾人於此眼生筋。」這一段頌是破除古今的邪解，顯示出「遠烟浪別有好思量。」阿難問的不如迦葉答的親切。諸方的學人都在瞪目紅筋的獰視。這誠然是蝸牛角上的競長論短，亦復可笑。總之迦葉與阿難一呼一應是無風起浪，但其中却傳了大法，也可以說是前世的因緣。我們思及在七佛以前的四時春色，壺中天地仍然是沒有什麼改變的。這正是：蒲團禪版無別事，一番春色在其中。所謂一段春色是：「珊瑚枝上玉花開。簷葡林中金果熟。」常在其中經行坐臥，只在這不變春色之中，無須別處去尋。無門是一個鍍金一船的人物。陰陽也可以看做是日月。是說的寒暑四時的變遷。「雖在春色不到的房中，仍留有半開不開的梅花之心。」這是佐久間象山在獄中之作，留待我們的參考！

二十三 不思善惡

本則：六祖。因明上座趁至大庾嶺。祖見明至。卽擲衣鉢石上云。此衣表信。可力爭耶。任君將去。明遂擧之。如山不動。踟蹰悚慄。明曰。我來求法。非爲衣也。願行者開示。祖云。不思善。不思惡。正與麼時。那個是明上座本來面目。明當下大悟。遍體汗流。泣淚作禮問曰。上來密語密意外還更有意旨否。祖曰。我今爲汝說者。卽非密也。汝若返照自己面目。密却在汝邊。明云。某甲雖在黃梅隨衆。實未省自己面目。今蒙指授入處。如人飲水冷暖自知。今行者卽是某甲師也。祖云。汝若如是。則吾與汝。同師黃梅。善自護持。

釋義：六祖因爲明上座追趕他到大庾嶺，六祖看見明上座到來，就把衣鉢扔在石頭上說：「這衣服是代表信衣，你能夠以力量把它搶去嗎？請你拿去好了！」明上座上前來想把信衣舉起來，誰想信衣沉重如山一般的舉它不動。明上座心裏惶恐，踟蹰不定。他於是說：「我是來向您求法，不是爲了要取信衣，希望您能給我開示！」六祖說：「心中不思善惡，正當那個時候，那裏還有你的本來面目呢？」明上座當下就大大的了悟，而汗流頰背，流淚向六祖作禮問他說：「除了方纔的密語密意之外，還再有什麼意旨沒有了呢？」六祖說：「我現在對你已經說出來，就不是秘密的了。你要能夠返照自己的面目，秘密却在你的那一邊。」明上座說：「我雖然在黃梅隨着大衆來學禪，實在未能省察自己的面目。現在蒙您指示了入門，好像人喝水，自己能夠知道冷暖一般。您現在就是我的老師！」六祖說：「你要是這樣，那麼我和你都是黃梅的弟子了。希望善自護持！」

講解：這一則是：「兩頭俱截斷，一劍倚天寒。」大有：「逆順纔起，紛然失心」之概。是限於地，限於之場時，不追他思。這是不思而思的思物，卽是連不思都不思的。既然是不思量底，那如何能夠思量？藥山說它是非思量。這「非」並非是除不之非，乃是忘却自己身心脫落的思量之眞實體。

「六祖因爲明上座趁至大庾嶺上。祖見明至。卽擲衣鉢石上云。此衣表信。可力爭耶。任君將去。明遂擧之。如山不動。踟蹰悚慄。明曰。我來求法。非爲衣也。願行者開示。祖云。不思善。不思惡。正與麼時。那個是明上座本來面目。明當下大悟。遍體汗流。泣淚作禮問曰。上來密語密意外還更有意旨否。」六祖是嶺南的賤民，姓盧名惠能，賣薪養母，事母至孝，是泥中的蓮花。他在坊間聽見有一個僧人誦念金剛經中的「應無所住而生其心」的句子，忽然大悟，於是他發誓用這個道理去救衆生。這時候幸而縣官送了他十塊銀子，他給母親留下使他無有後顧之憂。他投到黃梅山五祖的門下。所以道元禪師說：「二祖斷臂猶易，六祖割愛實難。」只是爲了大法之重，眞是使人不能不感動的。五祖知道他是法器，就派他去搗米。他每天只知道實實在在的搗米，而不去外求其他。他在黃梅住了八個月受五祖三更的印可，傳給他釋迦代代相傳的衣鉢。五祖因爲他住在此處有危險，告訴六祖暫時到南海去隱遁。六祖連夜過河，走到了大庾嶺上。後來黃梅的大衆知道了此事，就有人想要奪取衣鉢隨後追來。明上座也就是其中的一個。衆人都走的旁的路，而明上座自己單獨奔大庾嶺的道路而來。明上座原來是做過將軍的軍人，身體孔武有力，所以他敢於一個人追來奪取衣鉢。六祖見他追來，就把衣鉢扔在了石頭上說：「這袈裟不過是形式上的證物，用火燒掉馬上卽成灰爐。何必要爭奪，我雖燒衣並不能燒却此法。欲奪此法則終不可得。」六祖感風凜然不可侵犯。明上座攝於六祖感嚴，精神感覺痲痺，手不能舉起衣鉢，這正是大法之重如山，一領袈裟如千鈞之重了。於是明上座退後數步，心中感到了悚懼而翻心改悔，他說：「我來是爲了求法，不是爲了要奪取信衣。」明上座眞是知非而不吝改過，可謂之是大丈夫。六祖看出他是能夠接受道法的於是對他痛下針砭，當卽說：「不思善不思惡，正當這個眞向之時，明上座又在何處呢？」在六祖的言句當中也沒有六祖。聽了法的明上座，也沒有明上座了。這彷彿像水投於水中，空與空相合求自己而不可得了。只有本來面目堂堂的露出！求心也就停止了，重擔也就放下了。於是明上座汗流至踵，歡喜的流淚，也只有合掌禮拜了。於是意有未盡又問六祖：「除了方纔所說的密語密意之外，還有什麼更好的意義沒有？」這是明上座心中還有殘存未盡之物！

「祖曰。我今爲汝說者，卽非密也。汝若返照自己面目。密却在汝邊。」這是說遍宇宙界不曾藏有一點秘密。我已經說出來了還有什麼秘密呢？你要能照顧你自己的脚下，這無密之密，你要知道是由久遠刼以來就是脫體現成的。這個密不是秘密之密，而是親密之密！

「明云。某甲雖在黃梅隨衆。實未省自己面目。今蒙指授入處。如人飲水冷暖自知。今行者卽是某甲師也。」這是明上座打退了一切魔障，知道「無」並非是沒有。現在借六祖之力入於眞悟境地。實實在在的呑到腹內了。徹底的掃除了一切疑雲。他由衷心的感謝要拜六祖爲師。這正是：「無有落驚之山風，難取衣裏之寶玉。」「無有降魔寶杵，不得鎭魔伏魔。」

「祖云。汝若如是。則吾與汝。同師黃梅。善自護持。」六祖當卽婉謝說：「你和我是同參弟兄是親切的朋友。現在不過是同來助師之道。你我能得現悟之境，仍然還是五祖的恩蔭。你我今後同以五祖爲師，善爲護持法統不很好嗎？」六祖的度量，可以說是很偉大的！啊！成我道者我友也。這正是：生我者父母，知我者鮑叔！

拈提：無門曰六祖可謂。是事出急家。老婆心切。譬如新荔支剝了殼，去了核，送在儞口裏，只要儞嚥一嚥。

釋義：無門說：「六祖可以說是性急得很，老太婆的慈心，好像是把新荔支剝了殼，去了核，送在你的嘴裏，只要你嚥一嚥就是了。」

講解：「無門曰六祖可謂是事出急家。」這是六祖事出急迫才說出來的。當時兩人彼此的情形是不容猶豫而不覺的脫口說出。「老婆心切。譬如新荔支剝了殼。去了核。送在儞口裏，只要儞嚥一嚥。」六祖心如老太婆的慈心，剝去了妄想之皮，取去了智解之核。這是不思善惡的正味，拿到了明上座口邊，請明上座正在腹中飢餓的時候吞到腹內。因爲當場只有彼此二人，是可以這樣做。如果當時他不這樣做，任何人也是不堪忍受的。仔細的考察一下，雖然六祖是菩提心腹，但當時總不免有些半生半死的感覺！「新荔支」是美味的菓品，是中國南部的特產。「行者」是指的還沒有剃去頭髮的優婆塞。所以叫做盧居士。後來六祖在廣州法性寺度了宗印才開始剃髮。六祖是由初祖達摩數到第六代的祖師。自迦葉到六祖恰是三十三代的祖師。六祖與明上座二人的對話，是不僅僅止於明上座一人而已。古代的高山到現在仍然是高不可及的。

頌：描不成兮畫不就。贊不及兮休生受。本來面目沒處藏。世界壞時渠不朽。

釋義：描也描不成，畫也畫不就。讚也讚不上那就休想得到受用。本來面目是無處藏起來的，可是世界雖然壞了而它却永久不朽。

講解：「描不成兮畫不就。讚不及兮休生受。」這正是風也寫字音也寫字。但對本來面目却是無法描寫，無法繪畫。但它又是在任何地方都可以寫得出來的。然而如果眞要寫出來那就汚損了面目而不得生受的。面目不能受面目，正如水之不能濕水，此處好自參悟！「受」是納領之義。對方因爲有順逆之境，所以在受領之後，就起了愛憎之念。物是相同之物，不得有順逆。天桂和尚把「休生受」三字解釋成爲止分別。還有人把它解釋成爲不要生吞剝，囫圇吞棗。這種解釋有點牽强附會。「本來面目無處藏」，。孔子曰：「吾與汝隱。」黃山谷聞木犀香而徹悟了無所隱之義。「世界壞時渠不朽。」渠是指的本來面目。「本」是由無始刼以來的事。是未生以前的面目。縱令火水風三大災難的壞刼到來的時候，它仍然是儼然不壞存在着的本來面目。況且世界是要壞也不得壞的。世界並非是原來的創始者。而無始無終的本來面目才是創始者。日本是火山脈最多的一個國家。一旦火山爆發何時毀滅是不知道的。據說琵琶湖是在孝靈天皇七年和富士山一同在一夜之間湧出來的。所以說日本在什麼時候發生大火災變成焦土是不可逆料的。然而我們在這焦土微塵的世界中不能不有呑吐世界的偉大抱負的威嚴生活。極小與極大是相同的。本來的面目是不擇大小的。唯有鞭策着大菩提心，趕快找出來本來面目。應當具有文天祥所說的「是氣所磅礴。凜烈萬古存。當其貫日月。生死安足論。」的精神。

「世界」梵語叫做路迦。中國譯爲世界。「世」是遷流之義，是說諸行無常，卽是空，是平等，是佛。「界」是方位差別之義。是色，是法，是諸行無常，（一剎那間自己有九百生滅。求之而不可得。）是諸法無我，（以宇宙爲全自己（大我）乃是無常的賜與。）世界合成一體的時候，則世界卽可以看出涅槃寂靜。空卽是色（平等卽差別）和色卽是空（差別卽平等）的大和合，卽可以見出僧伽。世界兩字是具有三寶的意義的，是不可輕視的一個詞句。因此我們佛敎徒是只信三寶且勤坐禪。以打坐來證道是人世的要訣。本來面目於此處才得明確。

二十四 離却語言

本則：風穴和尚。因僧問。語默不涉離微。如何通不犯。穴云。長憶江南三月裏。鷓鴣啼處百花香。

釋義：風穴和尚，因有僧人問他說：「默然而不觸及離微之道，怎樣才能圓通而不犯離微？」風穴和尚說：「長長的懷念江南的三月風氣，像那鷓鴣鳥啼叫的地方豈不是百花皆香佛？」

講解：風穴和尚是南院的法嗣，是林才四世的徒孫。仰山和尚曾經有過豫言：「遇大風則正。」到了風穴的時候，宗風越發的興盛起來。南院對他說過：「棒下無生忍，臨機不讓師。」的偈語，他於言下大徹大悟。「風穴和尚。因僧問。語默離微。如何通不犯。」所謂離微乃是肇法師被宣告處死刑的時候，請求緩刑七月中間寫下了的寶藏論的離微論體淨品中的觀法。「離」是主觀之法，是萬法（差別即客觀）與自己一致的離却衆緣（對境）卽就是與對方無關了。微是客觀，卽是萬法的微細分類。如本體淨一卽無絲毫衝突。波卽是水，所以微卽是離。水卽是波，所以離卽是微。因此並無可說之事，如果要說卽成染污。而不說則仍然又成了不說。這眞是不自在，所以既不成傳太士也不成維摩詰。「涉」字在此處是觸及或者是後着的意思。這僧人所問的意思是：「如何離開了語默，就能不犯離微體淨，就得成爲圓通無碍呢？」而風穴的回答並非是造作，是使他能以接受。「穴云。長憶江南三月裏。鷓鴣啼處百花香。」江南是名花開放的所在，花無語而散香氣，鳥無心而囀鳴聲。這就是花香鳥語的江南山景，又有何通何犯可說呢？這正是「詩到重吟初成巧。」幾次吟哦，妙味自得！

拈提：無門曰。風穴機如掣電。得路便行。爭奈坐前人舌頭不斷。若向者裏。見得親切。自有出身之路。且離却語言三昧。道將一句來。

釋義：無門說：「風穴之機，如同掣電一般的快法。得到了路便走，但是仍不免於不斷的蹈前人的覆轍。如果能向物的本身，見得眞切，自然就得有徹悟之機，並且是要離開了言語的眞象把它說出來。」

講解：無門曰。「風穴機如掣。得路便行。爭奈坐前人舌頭不斷。若向者裏。見得親切。自有出身之路。且離却語言三昧。道將一句來。」風穴的機鋒眞是靈便得很，可說看不出一點靈洞。圖轉活脫的向上一路前進。如果要再不能勸絕了這一僧人的心路，那眞是遺憾之至。然而如果能向卽物窮理，超越了微離，徹見了本體，自然就可有飛昇的出路了。但事實上却並不那麼容易，得要看個人的工夫。如何。「三昧」是說言語本身的眞實性。忘却了言語的眞實就離開了道。既不能說是無有那應當叫做什麼？

通透了這一公案就可以徹底的明白。所謂「無」的時候，並非是沒有的。無不叫無。眼不見眼，刀不切刀，這是什麼緣故，九九元來八十一。

頌：不露風骨句。未語先分付。進步口喃喃。知君大罔措。

釋義：話頭不露風格，未語先行吩咐，口中喃喃前進，不知置身何地。

講解：「不露風骨句。」風是家風，骨是骨格。此處是說這不僅是我的家風，卽無論到什麼地方都可以通用。大燈師把「常德」兩字認爲是非常有趣。眞正在思想的時候就沒有憶了。非思量才是思量的眞實體。如何才是和尙的家風。古德云：「別無家用。」「未語先行吩咐。」這就是：「七佛蒲團今欲穿，先師禪版旣相傳。」的情景。並非由此而悟，乃是已悟之悟。因此坐禪乃是悟後的修行。不僅坐禪如是，一切動靜云爲莫不如是。換言之卽此風格本來是不可以露的。肇法師臨死說：「四大元無主，五蘊本來空，以頭當白刄，猶如截春風。」明手此也就不言而喻了。雪竇臨死說：「吾言已過。」「進步口喃喃。知君大罔措。」這是說在這個以上是旣不進也不退，旣不說也非不說。換言之就是如此的大敗北了。喃喃是多言之狀態。天有何言？四時運行。地有何言？化育萬物。罔措是置身無地。是感覺可恥而不願與人會面之意。鷓鴣像牝雞，頭像鵪鶉而有白圓點。背部有紫赤色的波紋。常向南飛。啼聲不如歸。

二十五 三座說法

本則：仰山和尚。夢見往彌勒所。安第三座。有一尊者。白槌云。今日當第三座說法。山乃起。白槌云。摩訶衍法。離四句。絕百非。諦聽諦聽。

釋義：仰山和尚作夢往彌勒佛的處所坐在了第三座位上。這時候有一位尊者敲着槌說：「今天應當第三座來說法。」仰山於是站起來，敲着槌說：「大乘法，離四句，絕百非，誠靜聽信勿生疑心。」

講解：仰山是潙山的法嗣，他們師徒二人開闢了潙仰宗。師徒二人唱和禪機，宗旨極爲親密，眞是水潑不著，風吹不入的情景。

「仰山和尚。夢見往彌勒所。安第三座。有一尊者。白槌云。今日當第三座說法。山乃起。白槌云。摩訶衍法。離四句。絕百非。諦聽諦聽。」這只是一個夢！證明夢之一法的時候，則天地莫非皆是一夢。名雖異而法實同。在夢中的時候不思想是夢，其實只是夢。吃的時候不說是吃，其實只是吃。死的時候不說是死，其實只是死。昨天的夢今天就沒有了。今天的現實明天就是夢了。夢是現實，現實是夢，這只是求自己而不可得。孔子說：「吾夢不見周公哀哉。」這也是很有趣味的話。聖人做夢也是聖人，此處是說聖人的夢是「無」。仰山滿身只是菩提心，他在夢遊彌勒的時候還在說法。古人是寤寐恒一的。澤庵曰：「百年三萬六千日，彌勒觀音幾是非，是亦夢，非亦夢，佛言應作如是觀。」好自參悟！第三座在傳燈錄上說是第二座。「摩訶衍」譯作大乘。是一切衆生都可乘載的。在滿身菩提心的時候，夢又是救星。此所謂「君子無終食之間違仁。」離四句就是這個意思，這是不可說的。「絕百非」是說當體的全是。「諦聽諦聽。」是說要切實的聽從，勿疑。「白槌」是在宣講佛法之前，要敲槌示靜。這是在僧堂必備的東西。

拈提：無門曰：且道。是說法。不說法。開口卽失。閉口又喪。不開不閉。十萬八千。

無門說：「比方說吧，是說法而不是說法，開口就失了法的眞義，閉口又傳不出法來，要是不開口也不閉口，那就有十萬八千里遠了。」

講解：無門說：「是說法。不說法。開口卽失，閉口又喪。不開不閉，十萬八千。」夢自己不說是夢。說法自己不說是說法。開口的時候不說是開口，閉口的時候不說是閉口。要是說不開也不閉，那就是那樣的遠了。以前說過：「開口不在舌頭上。」又說：「趙州舌頭無骨。」道元說：「言語道斷。」一切的言語是如此。心行處滅是一切的心行是如此。總之只是兀坐以見出眞面目的談話，這才是脫落脫落（不受拘束）。

頌：白日青天。夢中說夢。捏怪捏怪。誑謼一衆。

釋義：青天白日在夢裏說夢，眞是作怪作怪，誑騙了大家。

講解：「青天白日。夢中說夢。」仰山在青天白日做夢，彷彿是在夢中說夢的夢話。「捏恠捏恠誑謼一衆。」這眞是怪事怪事，仰山說他到彌勒那裏去了，又在說法了，這樣誑騙人的手段在今恐怕沒有一個人敢來使用！無門口裏說着注意坐下不要受騙，可是無門到底不是受騙又是什麼？何以故呢？這正是：「來年更有新條在，惱亂春風卒未休。」

二十六　二僧卷簾

本則：清涼大法眼。因僧齋前上參。眼以手指簾。時有二僧。同去卷簾。眼曰。一得一失。

釋義：清涼院的法眼和尚，在吃齋以前因有僧人上堂參拜。法眼以手指著門簾。這時候有兩個僧人一同去捲起門簾，法眼說：「一個得，一個失。」

講解：法眼是地藏和尚的法嗣，是五家隨一的法眼宗的開山祖師。五家是由禪門列祖所傳受之人，手段不同，自然而分出來的宗派。林才宗是由祖師密秘傳授，一絲不亂一毫不變的禪林宗風，後世稱之曰五逆雷。是形容機鋒的銳敏，一喝之下鐵山粉碎，虛空消損，有逆罪的人當之，必定是頭腦破裂。雲門宗風是紅旗閃爍，句中藏機，形容他於髣髴之間發現雲龍。曹洞宗風是書馳不到家，忌諱十成。不決定消息還有餘地好消息。不走死路，回互宛轉。僞仰宗風是斷碑橫古路，雖然是讀如文中之字，但不得正法眼明就不容易讀透，所以都是父子唱和以求徹底。法眼宗風是如巡人犯夜，更夫盜物，一絲也不能不加注意的，又如騎賊之馬以逐賊，處處要提防小心。有僧問：「如何曹源一滴水？」法眼答：「同是曹源一滴水。」韶國師在旁邊聽了這一段禪語而大有所悟，大有發掘！如箭鋒相拄，針鋒相對，狂人走路不狂人也走路，走過的痕跡雖然相同，但走路的緣由却大異其趣。這五家的宗風，如不能入手，則就不能成爲師家，不能得握法柄。當然更談不到是解釋祖錄的權能者了。這正是：「欲思不招無間業，莫謗如來正法輪。」如果想徹底知道五家的宗風，請讀東嶺和尚的五家參詳要路門。法眼和尚最初很受了地藏和尚的窘迫。有一天地藏問他：「如何是行脚之事」。法眼追究了半天答說不知。地藏說：「不知最親」。法眼有點醒悟。地藏又說：「若論佛法，一切現成。」於是法眼大悟。自此之後，他得了攝化自在。

「齋前」是說午飯以前。比丘是過午不食。叢林中以晚餐吃粥，是吃藥，因爲它雖是食物，而不過是僅治形枯之藥而已。「上參」是上方丈室參禪。法眼也不稍欺瞞，「以手指簾」，是指簾是什麼參究。「二僧捲簾」，這時候必須要一停，在語氣上不必轉却也就明了。「眼曰一得一失」，道出眞像。二僧無言作答，如何答覆才能合乎法眼的意思？正在此時槍頭一轉，可是一得一失畢竟也是不成爲答覆。何得何失，如果說得失，應能以老拳。元古佛有云：「七通八達可憐哉！得便宜、落便宜、便宜得、落勝得。」

拈提：無門曰且道。是誰得誰失。若向者裏。著得一隻眼。便知清凉國師敗闕處。然雖如是。切忌向得失裏商量。

釋義：無門說：「你且說，是誰得誰失，如果是向眞切的說，能別具一隻眼來看事，你便會知道清涼國師的敗闕不金之處。雖然是如此，切忌的是向得失裏面去商量。」

講解：物就是物，不能說它是得是失。這只不過是人隨便加上的名詞，着了迷之道而已。「者裏」是使兩頭都切斷之物。「一隻眼」就是絕對眼。對於得失都不注意的人們，就是法眼也出手不得。「商量」是問答。既是問答就不說得失，要說就徒增其擾。這正是：「此事如在葉露不住之世中，更有何事之可言。」（於三之辭世辭。）「清涼」是法眼和尚所居住的清涼院。

頌：卷起明明徹太空。太空猶未合吾宗。爭似從空都放下。綿綿密密不通風。

釋義：卷起簾子看見了明明的太空。太空境界仍然不合乎我們禪宗的境界。這好像是把一切從太空中都統統放下，綿綿密密不通風氣，一切都是無有可入的間隙。

講解：「卷起明明徹太空，太空猶未合吾宗。」雖然是徹底卷起，仍然是不合乎我們宗派的主張。禪宗主張是無我。在無我的時候是天地一如。此處是大空，然而大空就是大空。這正是：「跟着青天須喫棒，無心猶隔萬重關。」其次說：「爭似從空都放下。綿綿密密不通風。」由這一個認爲「是」的空中把一切都開始放下，那麼就到達了凝結無限的天眞妙境。此境佛魔進入的間隙都是沒有的。這正是：「得莫欣欣失莫悲，古今人事如花枝，桃紅李白薔薇紫！問著春風總不知。」

二十七 不是心佛

本則：南泉和尚，因僧問云。還有不與人說底法。泉云。有。僧云。如何是不與人說底法。泉云。不是心。不是佛。不是物。

釋義：南泉和尚因爲有僧人問他：「有沒有不能與人說的法？」南泉說：「有」。僧人說：「怎樣才是不能與人說的法。」南泉說：「不是心，不是佛，不是物。」

講解：無門關有四十八則，其中趙州五、南泉四、五祖四、馬祖、德山、雲門、六祖各二則。其餘都是一則。無門是要以趙州、南泉、五祖來做榜樣。在碧岩錄上說僧人是百丈涅槃和尚，並且另外還有「從上諸聖」四字。「還有不與人說底法。」這乃然是拾古人的糟粕，元來此法是說而不可說者，此一問是返照上文。「泉云有。」如果要是知道，就請問罷！「僧云：如何是不與人說法。」有就請說罷，知道也就請說罷！這正是：「南山拍手北山舞。」「泉云：不是心、不是佛、不是物。」如說它是一枚之物，使南泉笑掉牙齒。非佛非心非物亦非無。智解交馳入地獄如電如矢。這是南泉不得不報以一矢之處。碧岩錄上有以下的店。：「丈曰，說了也。」就是百丈說已經說過了。這又是拾古人的糟粕。「泉云：某甲只恁么和尚作麼生。」這是說我只如此，和尚怎樣？又是一套作戰計劃。「丈云我亦不是大善識，爭知有說不說。」這就是賊知賊的說法。一問三不知，神仙怪不得。「泉云某甲不會，我亦不知似同聾士問答哉。」「丈云我太煞為儞說了也。」就是說我給你說的太過多了。這話好像是龍頭蛇尾，仔細觀察，才知道是龍吟虎嘯的模樣。這一戰爭給與後世開天下之太平這正是：「如啞如聾如瀧」（尊嚴之瀧）。

拈提：無門曰。南泉被者一門。直得。揣盡家私。郎當不少。

釋義：無門說：「南泉蒙受了這一門，當下卽得。揣摩盡了禪門的家私，可以說添了不少的瘰贅。」

講解：南泉在十八歲上解作活計（十八歲時得到大悟）因為被這僧人督促的太大，罄身家所有的財產，不剩一文，弄的失魂落魄。雖然盡其所有，但拿不出來的財產，仍然計劃着蒞起來，忘了他已經向外暴露出來了。「揣」是揣摩。掏盡了的意思。

頌：叮嚀損君德。無言眞有功。任從滄海變。終不為君通。

釋義：過於囑咐有損君德。無有話說反眞有功。任他滄海桑田之變，到底不必使你通曉。

講解：德卽是得。不但是南泉，任何人都有本得的佛性。孔子曰：「天生德於予，桓魋其奈予何」也是這個得。莊子說混沌穿了七孔，混沌就死了。這就是汚了「佛性之得」。他說這話是有其深奥的道理。這是任何人都持有之物，而又是不能說的事。所以無門說任從滄海變桑田，斷然不爲君通說。不使君通曉。說到此也就可以大大的明白了。飢來吃飯倦來眠，也就夠了，還再通說什麼呢？洞山和尙說：「吾常於此切。」曹山和尙說：「要頭截得去。」我們要在此處着眼！

二十八 久響龍潭

本則：龍潭。因德山請益抵夜。潭云。夜深子何不下去。山遂珍重。揭簾而出。見外面黑。却回云。外面黑。潭乃點紙燭度與。山擬接。潭便吹滅。山於此忽然有省。便作禮。潭云。子見箇甚麼道理。山云。某甲從今日。去不疑天下老和尚舌頭也。至明日。龍潭陞堂云。可中有箇漢。牙如劍樹。口似血盆。一棒打不回頭。他時異日。向孤峯頂上。立吾道在。山遂取疏抄於法堂前。將一炬火。提起云。窮諸玄辯。著一毫致於太虛。竭世樞機。似一滴投於巨壑。將疏抄便燒。於是禮辭。

釋義：龍潭禪師因德山和尚請問教益到了深夜，龍潭說：「夜深了，你還不下去。德山於是珍重告別，揭簾而出。他看見外面黑，却又回來說：『外面黑！』龍潭點了一個紙捻做的蠟燭交給德山，德山剛想去接，龍潭很快的把它吹滅了。德山於是忽然有所省悟。便給龍潭作禮。龍潭說：「你看出甚麼道理來了？」德山說：「我由今天離去，再不懷疑天下老和尚的舌頭。」（說的眞理）到了第二天龍潭陞堂說：「這裏面有個漢子，牙和劍樹一般，口似血盆一樣，打他一棒都不回頭（勇往直前）將來到孤峯頂上，必定能夠興盛我禪門之道。」德山於是就把所抄過的禪疏，放在法堂的前面，籠起一堆火，提起來疏抄說：「窮盡了所有研究的玄機辯論，還沒有太虛中的一毫之大。竭盡了一切世間的樞機，好像是滴一滴水到大渠裏面。」（以前的所見不廣）於是他把疏抄燒掉了之後，作禮辭別龍潭而去。」

　講解：龍潭在景德傳燈錄裏記載，他是石頭門下天皇寺道悟的法嗣。在會元細書中說他是馬祖門下。其實當時有兩個道悟。一個是住在荊南城西的天王寺。這就是馬祖門下的道悟。一個是住在荊南城東天皇寺。是石頭門下的法嗣。皇與王只是一字之差。濟洞的末徒曾提出了石碑和其他的證據，爭執不已。但是結果從古以來都是認爲是馬祖的門下居多爲什麼爭這個祖歸門下的問題，因爲龍潭的法嗣是德山。德山之下是雪峯，雪峯之下就生出來雲門法眼兩家。這是勢力的大小之爭的問題。然而無論是那一方面都不失其正嫡之眞。這正是「石火光中此身案，蝸牛角上何事爭。」因緣遇會有時，德山的來由，曾由無門給作出以下的評唱。德山是被茶店的婆婆說伏，受了婆婆指示，來到龍潭處參禪。向龍劈頭發龍問：『久響潭到來。潭又不見。龍亦不見。』龍潭由屏風後伸出身子說：『汝親到龍潭。』是龍是潭好好看看。此處親字好自參悟。德山此時仍未得悟。但對龍潭的答覆却感到了和尚的偉大，德山於是作禮而退。到了夜裏，德山又入室來，領受龍潭的鉗鎚鍛鍊。討論到熱烈之時，不眠不休，忘了旅途的勞頓。滿身的菩提心教而不倦，問難不止。龍潭因漫長無限，所以才說夜深，請德山休息，明日再來問難。德山也對龍潭互道珍重爲禮，揭簾將出，看見外面黑暗，於是却又回轉，說外面太黑。龍潭遂用紙捻沾油燃點交給德山之手。在這其間不容髮的刹那，龍潭一口吹滅了紙捻。這是作家的手腕天然與衆不同。德山在吹滅金暗之處亡其所知，忽然心有所悟，不覺喜悅的手舞足蹈。龍潭說：「你看出什麼道理，如此的狂喜？德山是別無他語，只是感覺和尚偉大，他說：「我從今天以後，再不會疑惑老和尚所說的『卽心卽佛』的舌頭（話語）了。」德山最初對卽心卽佛生出了疑惑，把禪當做是天魔一般看待。現在是脚踏實地徹底知非。於是他對龍潭的惡辣手段甘心領受。但是龍潭認爲據款結案判決尚早，但是已到了落點之處。

第二天龍潭上堂，滿面喜色。用眼遍觀五七百的僧衆中間。他說：「這裏面有一位偉大人物，齒如利劍，口似含血，吃佛呑祖，一棒打他都不回頭，他將到那不挨不靠的孤峯頂上，向那人跡不到的境界，豎立吾道。」龍潭這句話還要抑揚並非全部首肯。德山一生是道得三十棒，道不得三十棒的霸氣傳授佛道，當然他的巧妙手段亦是不少。偉大的龍潭的眼光是很銳利的。他的話是：「你的道誤解了我的道，可是我的道則是你的道。」德山以前也曾對解釋金剛經下過一番功夫。但是現在他右手拿着火把，在法堂前面，把他的疏抄書物搬了出來，諸如他的玄妙辯論如二百問、二千酬等等所說的普賢境界，和「卽心卽佛」無限大來比較，誠如一毛之與太空世間是有限的，縱令極盡知能之樞要，與活動機敏，也不過是百年的夢幻。似大海中投下一滴。所以他認爲這些註解沒有什麼價值，就都把它燒掉了。他在濟度完了之後，急忙回到西蜀而去。雖然是感覺痛快，但是很快就過了。以後的境界仍然需要鍛鍊。雖然是痛快的拔除了障礙，但是習氣仍然是難以除去。何況待人接物的手段尚須研究，這都是悟後的修行之道。經疏不燒也可以的。禪即是佛心，律就是佛身，經就是佛口。沒有什麼嫌與不嫌。取它做爲度生的材料也未爲不可。然而德山感覺他以前作了教相很久的，奴隸看起來都覺得可厭，這正是：「傷弓之鳥驚曲木。」不免於有卑怯的心理。但是悟者多半是如此的。這是百丈禪師的所以有了再參，誠然是泉水注入於巨壑大谷，久之可成大海！

拈提：無門曰。德山未出關時。心憤憤。口悱悱。得得來南方。要滅却教外別傳之旨。及到澧州路上。問婆子買點心。婆云。大德車子內。是甚麼文字。山云。金剛經疏抄。婆云。只如經中道。過去心不可得。現在心不可得。未來心不可得。大德要點那箇心。德山被者一問。直得。口似扁擔。然雖如是。未肯向婆子句下死却。遂問婆子。近處有甚麼宗師。婆云。五里外有龍潭和尚。及到龍潭。納盡敗闕。可謂是前言不應後語。龍潭大似憐兒不覺醜。見他有些子火種。郎忙將惡水。驀頭一澆澆殺。冷地看來。一場好笑。

釋義：無門說：「德山在未出關的時候，心中憤憤的不平，口裏悱悱的不憤。自以爲得的到南方來，要滅却教外別傳禪門的宗旨。等他到了澧州的路上，問婆子要買點心吃，婆子說：『大德的車子裏，是些什麼書籍？』德山說：『金剛經疏抄。』婆子說：『像金剛經裏所說的：「過去心不可得，現在心不可得，未來心不可得。」大德要點那箇心。』德山被這一問，問得他閉口無言。雖然如此，他到底不肯在婆子的一問之下服輸。他問婆子：『近處有甚麼宗師？』婆子說：『五里外有龍潭和尚。』到了龍潭之後，更受盡了敗戰之苦。但是德山已經是前言與後語不相照應。龍潭畢竟是愛惜兒子不嫌其醜，見德山有些個火種，猛然當頭一澆把它澆滅了。冷眼的看來，不覺得一場好笑。」

講解：最初德山在蜀國的時候，聽說禪宗有卽心卽佛之法。他心中大爲憤慨。「悱悱」也是口中不言而有憤憤的表情。德山原本是金剛經的講者，他得到菩薩金剛喻定之後，認爲須學千刧佛之威儀，修萬刧佛之細行，然後才能成佛。禪宗說卽心卽佛這是什麼魔說外道？這不能不去撲滅它。德山的壯志實在是可愛。於是遠路重負的來到了澧州，澧州是從前禪的盛地。他這時候肚子也餓了想要買點點心來吃。點心是打間之食。少食鎭心，以得休息。茶店的婆婆非常的通達佛學，當時流行女人禪，婆子謙遜讓和尚坐，以點心來饗德山，他以禪僧乞食的態度問難說：『大德的車子裏面是那一類經書？』德山自詡爲周金剛王，是擅長於金剛經，對它無有不通達處。並且他所帶的是金剛經註解。周是德山的姓氏。婆子於是又問他說：『我聞在金剛經中有過去心不可得。現在心不可得。未來心不可得。』所謂不可得就是不能得。『和尚以什麼心來吃點心。』這眞是乘着賊馬來逐賊，使得德山茫然不知所措。可恨數十年的講經，被這老婆一問就跌倒了。這是參得正師與未參得正師的關鍵在此。敎相家的可持與不可持於此亦可知其梗概了。「口似扁擔」是欲言而不能得的狀況。所謂不可得者乃是「無我」，這不可得心就只是超越了三世的飢來吃飯倦來眠的心哪！無住和尚的砂石集中說：「只有不可得才得。可得而又非不得。亦非現在之得。物與我合一之時卽將得，是卽可得之得。」天地一餠，萬物一山。德山被老婆所困，心有未甘。失敗是歷練英雄。他向老婆婆說：「你這個見識是由那裏學來的？請你告訴我，我願成就這一大心願。」老婆婆指出了五里外的龍潭和尚。及至見了龍潭之後，那更輸却了一切。雖然是失敗，倒也是風流。捉住盜人，亦即我子。欲期撲滅敵軍，反成意中之人。德山的前言是來南方要滅却教外別傳之旨。德山的後語，是不疑天下老和尚舌頭。雖然罵的是前後不相應，但是暗中有歡喜之處。龍潭是過於婆婆媽媽的。爲什麼不給德山三十棒，一洗禪門之恥。龍潭因德山說不疑天下老和尚舌頭，認爲德山尙有般若的火種，是奇貨可居。所謂孤峯頂上的毒語，一旦事過之後，從旁面冷靜的觀察實是一場好笑。雖然是師家的手段險峻惡辣，同時也可促起學人臨機不讓師的勇猛心。澆殺的殺字，澆滅的意思。

頌：聞名不如見面。見面不如聞名。雖然救得鼻孔。爭奈瞎却眼睛。

釋義：聞名不如見面，見面不如聞名，是一而二，二而一也。雖然救得鼻孔，爭奈瞎却眼睛。治一經損一經也。

講解：遠看山巍峩，近看山禿濯。聞時富貴見後窮像周金剛王的德山振奮精神，本打算徹底的透明脫落，希望見龍潭一面。等他到了龍潭之處，談到了星光閃耀的黑龍，也沒有看出有什麼殊勝的技藝，心想不見他倒好，奪去了悟道的精神。但是相見之後的心與以前相比較，感覺到以前是未曾思物。在德山吹滅之處雖然知道了鼻子的氣息。然而仔細思量，即不說也可以知道。由七佛以前用耳朶是不能聞味的。覺悟了能知的德山已竟不是親生的本來面目。這裏元來是超越了迷悟，就絕凡聖開始無門大清掃古人題寒山圖云：「掃土原無可掃處，生怕掃起心上塵。」無論是娘生女生都叫做親生。此處所指是親生的本來面目。即是經中所說：「父母所生身，直證大覺。」

二十九　非風非幡

本則：六祖。因風颺刹幡。有二僧對論。一云幡動。一云風動。往復曾未契理。祖云，不是風動。不是幡動。仁者心動。二僧悚然。

釋義：六祖因爲風颺幡動，看見兩個僧人互相辯論。一個說是幡動，一個說是風動。反復辯論，都不合乎道理。六祖說：「不是風動，不是幡動，是你們二位的心動。這兩個僧人對六祖悚然起敬。」

講解：六祖在大庾嶺上與明上座洒淚分手。（參照二十三則）避難混入到獵人隊中前後十五年。他看到時機稍熟，在廣州法性寺顯露面目。爲印宗法師講解涅槃經。他是不識字但能發掘經義，得未曾有的自在。偶然看到風吹幡動，兩個僧人互相問答。六祖以「仁者心動」一言而做了決定。印宗法師聽到了之後，他知道六祖不是尋常人。他問六祖說：「你莫非是受了黃梅大師衣鉢的盧行者嗎？」六祖也因他求道心切，於是向他說明，出示傳來的衣鉢。印宗法師立刻拜服。六祖也認爲出家時候到來了，於是他決心出家受印宗的剃度，於是六祖的宗風，披靡於嶺南。「刹」就是寺。幡是說法時候所立的幡。這風動幡動的問題，好像鐘與撞木的問題一般。既不能說幡動亦不能說風動。都是人給它加上的各種名稱。如果要是知道了自他元來不二，就沒有任何的疑難。六祖只是要促起心動的反省，這是二僧前所未聞，所以大爲吃驚嘆服。心是什麼？心有心與迷心，心有不同之心。古人有買帽子相腦袋的話，這恰似六祖對於二僧的相應的應酬話，還不能說是他的撒手鐧。仁者是尊稱二僧的話。

拈提：無門曰。不是風動，不是幡動。不是心動。甚處見祖師。若向者裏。見得親切。方知二僧買鐵得金。祖師忍俊。不禁一場漏逗。

釋義：無門說：「不是風動，不是幡動，也不是心動。在什麼地方才能見到祖師！如果向這裏認得眞切，你才知道兩個僧人得了寶貝，祖師忍不住要是笑了出來，那又是出了一場漏洞。洩出來了春光。」

講解：動而不動，向動者問問看。止而未止，不動的又叫做什麼？然動也得動，止也得止，其物卽是其物。在其物之外並非別有一心。無門說：「不是心動」是駁斥六祖臨機不見師。如果要說心動，祖師分上的面目被奪盡了又如何能光彩。如果要是切實了解了三不動的道理，二僧也就可以掘出來應得的寶物。但是可惜的是六祖也沒有這種活手段。六祖在這種情形之下也不能忍耐過去，不得不以老婆的心腸出之。這一場貽人之羞的論辯，無門貶抑了六祖促起諸人的猛醒。雪峯對一則的評語是：「大小祖師龍頭蛇尾好與三十棒。」應庵的批評是：「一盲引衆盲，相牽入火坑。」都是一針見血之言。「漏逗」是出了漏洞，包含有失敗之意。「忍俊不禁」看見他人顢頇之狀而禁不住發笑，此地只可看作是忍耐不住。

頌：風幡心動，一狀領過。只知開口。不覺話墮。

釋義：風、幡、心動，都是一個罪狀。只顧開口說話，不覺落了話把，招致了失敗。

譯解：「風幡心動。」是二僧一與六祖問答的第句。無門用第二句把它奪過。「一狀領過。」是二僧與六祖三人同罪。罪既相同，則判決是一張狀紙。使他們領罪這就是法。「過」是一個助詞。「只知開口，不覺話墮。」這兩句話越發的刺耳扎脖。有人問難，必要剖析分明，這是世間的學問。但是禪就不是如此，它只是促進人的自覺。因此釋迦達摩都斷定是失敗。如果要是說出就不免於染汚。而明知道開口就要失敗，但是一不注意就不得不可憐的吐了出來。六祖也就犯了彌天罪過。僅僅四字的緣故而吹毛求疵。「話墮」左傳的註解就是輸也。雖然想不說話，怎奈今天天氣太熱了。

從前在仰山門下有一位妙信尼，她是一位廨院院主，是管理下房的職位。有一天有西蜀僧十七人還未問過仰山住在了廨院裏。到了夜間他們論難風幡的話頭，都不得要領。妙信尼在旁邊罵曰：「十七個瞎驢，可惜佛法作夢都見不到。」這十七個人並不怨怒，反而向妙信尼禮拜求教。尼說：「不是風動，不是幡動，不是心動。」其聲凜然徹耳。十七個人都省悟了。向妙信尼禮謝互結師弟之儀。於是他們就不到仰山那裏回西蜀去了。如果認眞的說，認眞的聽，無論何時都可以得到一個決斷。君不見：「猛將豈在山中死，蝴蝶不戀舊時巢。」

道圓禪師有偈云：「不是風兮不是幡，白雲依舊覆青山，年年老大渾無力，偸得忙中些子閑。」這是生活將能度命，又焉有覺悟的時間。這正是：「不風流處也風流，捆首之繩不斷，頭已白，年已暮。」

三十　即心即佛

本則：馬祖。因大梅問。如何是佛。祖云。卽心是佛。

釋義：馬祖禪師因爲大梅和尚問他：「如何是佛？」馬祖說：「心就是佛。」

講解：「如何是佛。」這四個字是古來禪界的流行語，門外漢也常常玩弄這四個字，誠爲可嘆。大梅言下大悟。說道只是如此如此，聽者也只是如此如此。無口無耳，求自我亦不可得。急急如是的着眼。大梅在這以後，就入山與禽獸爲友。長養聖胎，避却名聞利養。馬祖以父子之親心，派遣一個和尚去問候他。和尚問大梅向馬祖回覆些什麼話？大梅說：「只是卽心卽佛。」和尚說：「近日馬師的佛法唱非心非佛之論。」大梅說：「這老漢或亂人心無限，縱然是如此，我仍然只是卽心卽佛。」和尚回去告知馬祖。馬子對大衆說：「梅子已熟了。」足證大梅的自信心是很强的。公案一則卽可，悟是沒有二致。只是要完全握緊徹底不變。這正是：「香風愈隱而彌顯，四方雲衲接踵至。法幢益見盛大之極。」

馬祖原來是作簸箕的賤人之字。箕是簸米的器具，揚米去糠的器具叫做簸。南岳讓和尚一見馬祖，列入到祖位，稱爲馬祖。馬祖是由幼兒時代在大衆當中選拔出來。如虎視如牛行，他的慢條斯理的姿態，是使人難以捉摸。西天二十七祖般若多羅曾留下讖語：（豫言）「金鷄一粒粟，供養十方羅漢僧。金就是禪師讓和尚是由金州出身。鷄是比喻覺世間的迷夢。他的法嗣馬祖是由漢州什邡縣出生。六祖也曾向他的法嗣讓和尚說：「在你以後，將出一個馬駒，踏破天下人而出。」這大概是由過去世遺傳來的潛在意識。六祖說這話時，年已是八十歲的善知識。馬祖在成道之後，曾回故鄉探親，鄉民因爲他是賤民馬簸箕家的兒子都不來看顧。馬祖曰：「勸君莫還鄉，還鄉道不成，溪邊老婆子，喚我舊時名。」於是他再回江西，重握法柄，於是打出了八十四位善知識，其中更有一喝耳聾了的百丈禪師。馬祖在一瞬之間度化了獵師石鞏，那時候他正在曠野動無明之火射殺一鹿。以外還有弄月拂袖而去的南泉法師，還有一口吸盡江水的龐居士。現在再說大梅和尚。在大梅門下的定山和尚主張：「在生死當中，無佛卽無有生死。」夾山和尚主張：「在生死當中，有佛卽不迷生死。」兩人互相講論不決。大梅說：「一親一疎。」夾山說：「何而爲親？」大梅說：「你且去，明日來垂釣。」夾山再向前求大挿一決。大梅說：「親者不同，問者不親。」夾山後來說：「我在當時失了一雙眼？」就是在當時還沒有弄淸楚！所以無門才作出以下的揭公。

拈提：無門曰：若能直下領略得去。著佛衣。喫佛飯。說佛語。行佛行。佛卽是佛也。然雖如是。

大梅引多人。錯認定盤量。爭知。道說箇佛字。三日漱口。若是個漢。見說卽心是佛。掩耳便走。

釋義：無門說：如果當下就能領略明白，那就著佛衣，喫佛飯，說佛語，行佛行。卽就是佛。雖然如此，大梅引導多少人走錯了道路。怎麼說呢？如果道出個佛字，就應當漱三天口，（因說佛卽非佛了）如果是一個漢子，見着說「卽心是佛」這句話，應當掩耳便走。

講解：當下卽悟是：「造次必於之，顚沛必於之。」豈但卽心卽佛，還要領略他卽是我之物。以前思想是在他人之家，實在自始卽是自己之家。善惡不過是映現於鏡中的影子，仔細看來乃是我的姿態。我們都是吃的時候無有口說的時候無有舌的居士。走的時候無有足。說吃而吃就不在了。說說而就無說了。思想行走而行也不在了。這些一一無我的實證是每天每天都在實行着的。名稱雖然變化而實質則是同一之物。現在我們不再懷疑佛的復活。明月不僅是照在鷲山之峯，同時也現於房屋之頂。我們應當隨處爲主轉處能幽。昨天以前還在深宅大院使奴喚婢，而一旦金盡勢敗，變成沿街乞討。有的則是苦惱不堪，有的人則落得逍遙禪學家是沒有戶籍法的。是無己時無不己，無巳時無不巳。向悟處坐定，就失去了自由而轉悟就與轉捨。大梅向「卽心卽佛」處坐定，使多人眼目成盲。「定盤星」是秤桿上量物之星。錯認定盤星乃就失去了轉處之妙。只有巧弄名目使人困惑說一個佛定就汚穢了心田，耳中聽到了卽心卽佛，那就要馬上掩耳而逃。無門是如此說，如果是再利害一點，就很要給大梅一掌。目橫鼻直無待向首目之外强求。這正是：「卽心卽佛阻萬里，風吹馬耳畫眉香。」

頌：青天白日。切忌尋覓。更問如何。抱臟叫屈。

釋義：在青天白日之下，切忌尋覓追問。如果進一步再去追根究底，那就惹得大梅和尚抱着肚子到起屈來。講解：極樂乃是安住於極苦的名詞。提宴的惡，觀音的慈悲，周利槃特迦和文殊師利的智慧。都是在此世之間安住過。早晨洗臉只是洗臉，而口說洗就不是洗了。而後燒飯而後工作，而後睡覺。心如行雲流水，正是無我的實驗，與任何人都無妨礙。如果沒有這樣的東西，那就沒有宇宙。它是確實的在不斷的救人救世這是無可懷疑的。這正是「明明百草頭，明明神來意。神通妙用，運水搬柴。」又有什麼不足，更又有什麼卽心卽佛，又有什麼可以答覆的？只是如果懷揣偸盜的贓物，而口稱寃枉，這當然免不了要犯罪的。人的一切不安都是由貪慾所起。如果是佛又何必去偸盜。能知足而心不動這就是眞悟，永嘉大師說：「不離當處常湛然，求卽知君不可見。」這是勘破了的情景。

三十一 趙州勘婆

本則：趙州。因僧問宴子，台山路向甚處去。宴云。驀直去。僧纔行三五步。宴云。好箇師僧。又恁麼去。後有僧。舉似州，州云。待我去與爾。勘過這宴子。明日便去。亦如是問。婆亦如是答。爾歸謂衆曰。台山子。我與爾勘破了。

釋義：趙州因為有一個僧人問一位老婆婆，臺山的路往甚麼地方去。老婆婆說：「照直走。」這僧人向前纔去了三五步，老婆婆說：「好箇師僧，我看你怎麼能夠去得。」後來有一個僧人把這話告訴了趙州。去州說：「等我和你去問過這宴子。」次日趙州說問老婆婆，老婆婆仍然作與以前一樣的回答。趙州回來對大衆說：「台山婆子，我和你把她問住了！」

講解：「僧問婆子台山路向甚麼去。」這話就是這個話去就是行的意思。「婆云驀直去。」這話就是這個話。古來對於驀直兩個字爭論的人有很多，這兩字的意思仍然是對於驀直兩個字爭論的人有很多，這兩字的意思仍然意識上的決定。與「禪」並沒有什麼關係。只是直直的走的意思。古人還有把直驀去說成「莫蹶倒」的有趣味的下語。「僧纔行三五步」這句話就是這句話。「婆云：好箇師父又恁麼去。」「啊！好個師父，你和平常一樣的去嗎？」「後有僧擧似州」帶似是告示的意思。這眞是無風起浪。「州云待我去與儞勘過這婆子。」趙州老將的勇氣可嘉。「明日便去。亦如是問。婆亦如是答。」這些話還是這些話。「州歸講衆曰：台山婆子我與儞勘破了也。」這要點是在不說是亦不說非處着眼。古人有偈曰：「冰雪佳人貌最奇。常將玉笛人吹。」這正是：「梅徑寒苦發清香，婆子爲道亦流淚。曲中無限花心動。幸遇坊主老趙州。」又：「梅花色香爲誰開。獨許東君第一枝。」東君是春風，婆子遇了趙州，才開始花放。被趙州自由的勘破。

拈提：無門曰：婆子只解坐籌帷幄。要且着賊不知。趙州老人。善用偸營勘塞之機。又且無大人相。檢點將來。二俱有過。且道。那裏是趙州勘破婆子處。

釋義：無門說：「婆子只知道坐在帷幄之中籌畫。她不知道她己着了賊道。趙州老人很會利用偸營勘塞之機，不過他偸偸摸摸並不大方。仔細檢討一下，他倆都有過錯。你且說一說，趙州識破了婆子在於什麼地方。」

講解：無門曰：「婆子只解坐籌帷幄。要且着賊不知。」婆婆在黑幕之內設謀，計劃使多少和尚作她的俘虜。偏偏遇到了大賊趙州她還一點都不知道。把她的內幕揭破就半文錢都不值了。「趙州老人善用兪營刼寨之機。又無大人相。」老將善於用兵有奪城拔寨的神機妙用，高出婆子一着。但是他並不大方。割雞何用牛刀呢！檢點將來。二俱有過。」無門的看法，趙州與婆子，兩了都是同罪。羅鄴賞春詩云：「年年點檢人間事，只有東風不世情。」「且道那裏是趙州勘破子處。」諸位想想看，趙州勘破了的地方又在那裏？可惜是勞而無功。這只不過可以說是在因緣之下所用的力量而已。只不過是如此，只不過是如此！

頌：同旣一般。答亦相似。飯裏有砂。泥中有刺。

釋義：問也是與以前一樣，答也是與以前相同，但是飯裏有了砂子，泥子已經有刺。

講解：「同旣一般答亦相似」僧人的問與趙州的問都是相國。婆子的回答也是前後不錯，所謂趙州的勘破也有很難下咽的地方。世間那裏有什麼勘破的人。水可以濕水嗎？金子可以換金子嗎？「飯裏有砂。泥中有刺。」如果不注意的挨靠一下，馬上就遇到了好看！這是底下還有底！如果不好好的徹底一下，就要受了大的傷害。黃龍南偈云：「傑出叢林是趙州，老婆勘破沒來由。而今四海清如鏡。行人莫以路爲讎。」慈明法師云：「好則好矣有一字不是。」南於是便開掌顯示出「有」字。因爲是悟「無」，所以勘破是有來由，所以沒來由應當換成是有來由。「沒」與「有」都沒有關係。如果要是沒有「有」，恐怕後人囫圇吞棗，就到了廢除條列的地步。我們由什麼才能得到身心脫落呢？這正是：「用跳入水中的力量再浮起來的青蛙。」

三十二 外道問佛

本則：世尊。因外道問。不問有言。不問無言。世尊據座。外道讚嘆云。世尊。大慈悲。開我迷雲。令我得入。乃具禮而去。阿難尋問佛。外道有何所證讚嘆而去。世尊云。如世良馬見鞭影而行。

釋義：世尊因有外道問他：「不問外道是有言也不問外道是無言。」世尊據座而坐。外道看見了世尊的莊嚴而讚嘆着說：「世尊眞是大慈大悲，開我迷惑，使我得入於佛道。」於是作禮而去。阿難接着同佛說：「外道有了什麼所證，讚嘆而去呢？」世尊說：「他好像世間的良馬，看見了鞭子的影子便走！」

講解：「世尊因外道問。不同有言。不同無言。」言字可以輕看，離開有無二見乃是這兩句話的極致。「世尊據座。」既不能說他是無言，也不能說他是有言。而他只是據座而坐，如鐵壁銀山不可着」

。這是超越了五十二位（菩薩乘的階位）的境界。比忘却了自己「無我」再大的是沒有了。「外道贊嘆云。世尊。大慈大悲。開我迷雲。令我得入。乃具禮而去。」外道是忽然有所感應道交，覺悟了以前的錯誤，於是他與世尊不隔一絲一毫，成了入我我入一體。知道了根本而不迷叫做得入。此人非是出入之。是雲晴以後之光，是失空有明之月。月亮是由東向西，而要思之月由西向東。這正是：「擧頭有殘月，元是住居西。」「阿難尋問佛。外道有何所證。讚嘆而去。阿難聽聞多知反轉而眞。佛弟子能夠無愧於外道嗎？耶穌教裏面也有偉大的人。他們說：「心貧者是幸福，立刻得昇天國。」又說：「今日事今日作，不要使明日煩悶。」「世尊云。如世良馬見鞭影而行。」世尊說，這外追誠然是偉。如果你想飛你也可以飛一飛；無論飛向何處都是可能的。世尊揭櫫出來第一等的鞭子。可惜的是阿難還不能夠飛越過去。究竟是什麼樣的鞭影呢？不動一步而現出十方世界的全身應當知道由不動才得不快。不懂得電氣的人是多麼尊貴幸福。像我們無論到處電力也都是追得到的！

拈提：無門曰。阿難乃佛弟子。宛不如外道見解。且道。外道與佛弟子相去多外。

釋義：無門說：「阿難是佛弟子，反而不如外道的見解。你且說一說看，外道與佛弟子究竟相差有多少？」

講解：阿難是多聞第一，但這次都騎了外道的馬屁股而飛繞。諸人在此處想一想看，外道與阿難同是眼橫鼻直，彼此又有什麼地方不同呢？現在是有呢還是無呢？諸人都是無門的弟子，好好睜眼周圍看一看座下，究竟你們與世尊據座而坐相去有多少？快說快說，遲疑要打三十棒！

頌：劍刃上行。冰稜上走。不涉階梯。懸崖撒手。

釋義：這是在劍上行，在冰稜走，是不徑階梯，是懸崖撒手。

講解：劍刃上行，冰稜上走。「這是頌揚外道的頓機。如果他沒有喪失身命的勇猛精進心，到底是不能夠取得龍麟頷下的寶珠。「不涉階梯。懸崖撒手。」這是想要一超直入如來地，不看前後（時間），不顧左右。（空間），不看佛，不看祖。一切放下如果沒有由千尺的懸崖倒栽下去的大決心，那就不會成就。白隱禪師說：「年青的人們聽說死感覺討厭，現在是死一次就再不死了。」當我們忘了自己的時候冰劍也是自己，敵人也是友人。

三十三 非心非佛

本則：馬祖因僧問。如何是佛。祖曰：非心非佛。

釋義：馬祖禪師因爲有僧人問他說：「如何才是佛。」馬祖說：「非心非佛。」

講解：這正是：「芭蕉葉上無愁雨，只是時人聽斷腸。」這和卽心卽佛是相同還是不同，快說。俗語說的好：「孔夫子門前賣的什麼文。」要文字的花槍頭！

拈提：無門曰：若向者裏見得。參學事畢。

釋義：無門說：「如果能看透了這一句話，參修的學習事情就告一段落了。」

講解：者裏是指「非心非佛」而言。切實的來說，在何處有者裏？鵠林曰：「卽心卽佛，如龍無角。非心非佛，如蛇有角。」「卽心卽佛是對聾子放砲，非心非佛是對鐵砲的聾子。」知音太少了。

頌：路逢劍客須呈。不遇詩人莫獻。逢人且說三分，未可全施一片。

釋義：在路上遇到了劍客應當把寶劍拿出來給他看，如果遇不到詩人不可呈獻出自己的詩句不懂詩的人。

三十四　智不是道

本則：南泉云。心不是佛。智不是道。

釋義：南泉說：「心不是佛，智不是道。」

講解：所謂「心是佛」，「智是道」，這都是以後給加上的名稱。而把這兩句話用「不」之一字把它奪了去，這是與名稱分別分開來講的。行住坐臥，眼橫鼻直，古代現在都沒有變更。只有順其自然的去工作，就可以求出佛道來。這正是：「冬瓜直攏侗，瓠子曲彎彎。」

拈提：無門曰。南泉可謂。老不識羞。纔開臭口。家醜外揚。然雖如是。知恩者少。

釋義：無門說：「南泉可以說是老不害躁，剛一張嘴，就把家裏的醜事都宣揚了出來。雖然是如此，知道他的恩的人是太不多了。」

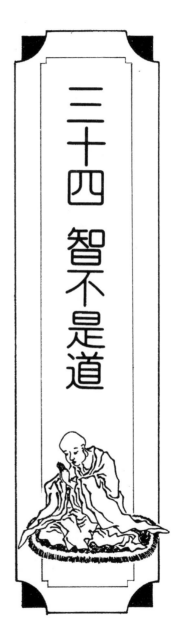

講解：在無門看來南泉是老糊塗了，把講解一般的公案拿出來這誠然是給祖宗門下貽羞。「然雖如是知恩者少。」南泉如此說出來，有幾人汲取南泉爲人的眼淚呢？能知南泉的恩德，才能打破此關，啊！大聲呼喚不應，想起來這是鑽牛角尖，只限於今年今日，此地此時。

頌：天晴日頭出。雨下地上濕。盡情都說了。只恐信不及。

釋義：天晴就出日頭，下雨地上就濕潤。一切都說盡了。只恐還有人不相信。

講解：極樂世界也是這樣成就的天氣。一切佛與道都不是穿鑿出來的。它可以應用到一切場所，既無缺少也無餘裕。「盡情都說了。只恐信不及。」南泉如此不保留的盡其眞心都說完了，信根小的人仍然不相信，那就終無了日。應促成座下的猛醒！

三十五 倩女離魂

本則：五祖問僧云。倩女離魂。那個是眞底。

釋義：五祖問僧人說：「倩女的靈魂出殼，究竟身體與靈魂那個是眞的？」

講解：五祖是五祖山的法演禪師，是白雲的法嗣，圓悟的師父。而不是由達摩到第五代的大滿禪師。「倩女離魂，那個是眞底。」這眞是見怪不怪，其怪自敗了。以下無門的評語，幽靈的正體也不過是一株枯尾花！

拈提：無門。若曰向者裏。悟得眞底。便知。出殼入殼。如宿旅舍。其或未然。切莫亂走。驀然地水火風一散。如落湯螃蟹七手八脚，那時莫言不道。

釋義：無門說：「如果向這裏悟得了眞底，你便知道靈魂出殼或是入殼，好像是住在旅店一樣，如果還未明白千萬不要亂走，忽然地水火風一散，那就要像落到湯裏的螃蟹一般，七手八脚不成一個了。那時候不要說事先未曾說道。」

講解：者裏就是這裏，也就是那個眞底。這並非是向外求的東西，假如眞正能夠把眞底到手，無論走到那裏都是眞底的人。「人間到處有青山。」生也是眞底，死也是眞底，道元禪師說：「生死都是佛的慧命。」只是達成了眞底的時候，這吾我的名稱就沒有進入的空隙了。由此而後對於一切都不着念，那麼對於死也沒有什麼留戀可惜的。對於人身則如空殼一般隨緣出生入死，自由自在。古人認爲法身是藉於形殼之間，無論是再來又再來看起來都是相同的，如此看來是不能說是死。正念的和尙無論何時都是洒洒脫脫的。詩人李白說過：「夫天地者萬物之逆旅，光陰者百代之過客。」人的死亡窒息，宛如住於宿屋中睡覺。而生活動作則好像是出了旅館走路的一般。「其或未然，切莫亂走。」如果未能明白眞底，那便要切實的看顧。不要狼狽騷動亂走。祈禱或是念佛都是沒有用的。不要求諸外而要求諸己，臍下多用工夫，坐禪就是爲了停止心意識的運轉，停止念想觀的測量，勿求作佛。不要騷動亂轉，要沉着單純。「驀然地水火風一散。如落湯螃蟹七手八脚。」人受了夜間的風寒，終于不得不死，臨死時候的痛苦，手脚慌亂好像螃蟹落到了熱湯之中。旅途終止了，人生夢境面臨到枯野。悔懼紛至踏來，十萬億佛土已經是爲時太晚了。驀然是忽然的意思。不容猶豫。「那時莫言不道。」如果不聽，悔之晚矣。勿謂言之不早。無住禪師有歌云：「我的模樣是備用地水火風四大假合，思之實苦。展開是五指（死）集結是拳頭（生）八十年間集合的地、（骨）水、（血）火、（體溫）風、（呼吸）曾幾何時又換了主人。

波動成大海，死時全機現。空殼有何可惜，八十年如蟬脫殼，出殼入殼自在無碍。」這正是：「死在這裡，火燒變色。古往今來。如果是眼橫眉上，那就燒死了佛道七作也變成了黑色。」

頌：雲月是同。溪山各異。萬福萬福。是一是二。

釋義：雲中的月是相同的，溪山是相異的，萬福萬福，是一個還是兩個？

講解：「雲月是同，溪山各異。」這月亮從古來到現在就是這一個月亮。無論走到了何處都是不變的。至是溪與山則隨緣而有千差萬別。山有高低美醜各種，而照射的月亮則任何時都是相同的。不能說古時的月光就亮，而今時的月光就不亮。「萬福萬福。」這有內裏的倩女和外面的倩女之不同，這彷彿是溪山各異。但是倩的眞底，無論何時都是相同的。病人和健康人是不同的，雖然相異，但是都有眞人的存在。倩女是實在的一切都是眞眞實實的，任何人都不能把倩女說出開合之意來。「是一是二。」既不能看作是一來處理，萬福雖然有兩個也不能看做是二。萬福是任何時都不變的天下一個倩女。萬有也不是沒有離魂的當體，而它都是在有眞底的徹底的時候，此眞底是笠上加笠是不能說的，並且起來是很討厭的。因此虛堂頌中說：「行吊先苅，喪車後紙錢。」在中國驅除邪祟，先用桃柳之枝，作成篠箒之狀，掛在門前據說可以掃除鬼穢。出殯的時候在棺廓後面掛上紙錢，沿途燒化來祭奠鬼神，這些迷信的作法，是不值得批評。在我們的眼中天地都不是存在的形像，更有什麼魔鬼。這正是：「老胡門下客，寧可入黃泉。」我們在打坐的時候，把心放在左掌這就是降魔的印相。達摩門下有什麼人需要入到黃泉中的黑暗世界？就是入到那裏也等閒視之平常的很。一切奪去都掃除淨盡了。這正是：「生也全機現，死也全機，所居之處是宇宙的中心核也。」

三十六 路逢達道

本則：五祖曰：路逢達道人。不將語默對。且道。將甚麼對。

釋義：五祖說：「在路上遇見了達道之人，箴默不將語言相對。你且說一說：應當用什麼語言相對？」

講解：道就是道，如果要是通達了道，則無處不是道。道是不能問道的。這與水不能求水是一樣的。語默並非是無言，是說的時候沒有舌頭。維摩也並不曾箴默，只是人給予了他一個箴默之名。人的思想如不說出來，則腹中膨漲。

然而說出來又是脣寒如秋，只是應說者便說，不應說者則不說。這就是達道之人。此外談到師家的空處，要是不能熟悉東山五祖門下的宗風，那就不會了解的。這正是：「誰知席帽下，元是昔愁人。」

拈提：無門曰。若向者裏。切處着眼。

釋義：無門說：「如果向這樣對語得親切，那就不妨是很鬆快的。如果不然，也應當在個個境界中着眼方可以。」

講解：者裏是不拘泥於語默的境界。親切是忘己無我的對人。不妨慶快，是很好的意思，是由無始刼慶快，是很好的意思，是由無始刼以來的重擔都把它放下來了，愉快愉快！「其或未然也須一切處着眼。」如果誤的未能領會，見者又不投機，則所見者與所想者一一的境遇都把它除去殺掉，對人所不能知的思想加以原諒，我所想的也只有我自己知道。在只有我的時候，則就成了無我。

頌：路逢達道人。不將語默然。欄腮擘面拳。直下在便會。

釋義：在路上遇到了達道之後，緘默不將語言相對答。欄腮擘頭給了他一拳，當下他要是了悟那便就了悟了。

講解：「路逢達道人。不將語默對。」這是白隱禪師所說的隻手之聲，僅有其意而自救不了。這正是：「無心尚隔萬重關。」「欄腮劈面拳。直下會便會。」如果不悟，那被捉腮批類，毆打痛創的時節就會到來了。西天佛道要驀直的去，不要繞轉四處五處，人心是不走直路喜歡彎曲。這彷彿是眞碗不用反而去欣賞無用的古碗是一樣的道理。雪峯和尙說「喫茶去。」佛道卽在其中，霧峯是五祖以前的人，「路逢達道人。」這一件公案，在五祖以前也就有了。

三十七　庭前柏樹

本則：趙州。因僧問。如何是祖師西來意。州云。庭前柏樹子。

釋義：趙州和尚因爲有僧人問他說：「什麼是祖師西來意。」趙州說：「庭院前邊的柏樹種子。」

講解：「祖師」是達摩，「西來意」是達摩特地由印度到中國來。「如何是祖師西來意。」達摩西來的目的精神何在？卽就是禪的極致的意義何在？西來能說是有意嗎？如果是有意那達摩也不過是一個斗霄之器，有意就自救不了。如果說是無意，「我這裏無意。」也不免要喫捧了。只是九年面壁，兀兀脫落。知者知之，不知者不知。祖師面壁的雄姿，是山城園野中的瓜蔓，是仙崖洞府裏的歌聲。九年之間兀兀打座，並無言。但他決不是沒有說話。只是不能說而已。曹山說：「要頭截將去」的不說不說。「庭前柏樹子。」樹雖折了但庭前還有樹。只是依據畫葫蘆。只是庭前柏樹子。參悟！參悟！

拈提：無門曰：若向趙州答處。見得親切。前無釋迦。後無彌勒。

釋義：無門說：「如果能夠向趙州所答覆的地方，認識清楚，那他就是釋迦就是彌勒。」

講解：親切是徹底忘却了自己。只有在忘却自己（無我）的時候，那空間與時間就全是自己的，要有這樣的自覺才行。除此以外是別無禪意。釋迦也成了自己，彌勒也並離我們不遠，釋迦逃去，彌勒不來，國之春光切忌囫圇吞棗，要咬破參嚐。

頌：言無展事，語不投機，承言者喪，滯句者迷。

釋義：用語言說不出事情來，說的話又不投機，承受了言語就喪失了眞義，執着於話句就陷入到迷惘。

講解：「言無展事。」說「火」而並不燒嘴。達摩不說一言而顯示出其物之理。「語不投機」。因此無論是千言萬語都不能契合學人的本意。除了自知之外別無他法。言是自己說的話語是對人說的話。此處言語無論看作對己對人都可以。「承言者喪。」只承受了話語，認爲合理了，那不過是算盤子一業的數字問題，只不過是知解的程分際不同而已，這與超越了一切的「禪」是沒有關係的。「滯司者迷。」這是轉悟而要轉捨。滯留於字司之間，被言句捆住了自由，像多用第一的阿難也被如來的言語所縛，直至佛滅後二十年間猶不得了悟。關山是一位大學者，他一生未曾留下一本書，他只說了一句話：「柏樹子話有賊機。」大燈國師說：「余年三十仍住於狐穴之中，直到現在都是受到愚弄！」一休和尙說：「唐朝僧人的話是什麼？柏樹子裏面有賊機。」「休說你是賊，你就應當知恥而去。隱元祥師說：「聽到這話寒毛豎立。」此處不能囫圇吞棗，如果不在此處着眼留意那就得等待彌勒當生下凡的時候罷！這一段頌是借用洞山的話。洞山不是曹洞的洞山，乃是雲門的法嗣，法眼又名覺鐵嘴。他說：「趙州有個庭前柏樹子話是不覺。」無門說：「和尚莫謗先師，先師無此語，語中無語。沒有舌頭的人誰也知道是說面等於不說。不僅是趙州如此，可說的任何事都是無有的事。答覆的俏皮一點，「松風之聲！」

三十八 牛過窗櫺

本則：五祖曰。譬如水牯牛過窗櫺。頭角四蹄都過了。因甚麼尾帝過不得。

釋義：五祖說：「譬如像水牛過窗戶櫥，頭角四蹄都過去了，爲什麼尾帝過不去。」

講解：公案的要領是要在忘却了自己（無我）則事事無礙這一則是白隱禪師的「八難透之一」。所謂「無」所謂「隻手」用一個透過去了，則其他任何一則都可以透過去。法是無難無易的。人都說是一刀兩斷，而我則說一刀一斷。切而切不斷者就是法。如果開始就不能痛快的拔除根幹，則就弄的半生半死，我們應當有一個眞實的生與生實的死。如果不能夠笑着死那就是沒有得到眞實活着的證據，生死卽是涅槃就是這個道理。涅槃並非是別的，就是不顧生死的場合，那就是涅槃。涅槃叫做圓寂。一切事都要拔除稜角，和氣靄靄的立於世上。順逆之境均不動心，只有向前勤勞工作，透過了這一則則就是功果。

水牯牛又是什麼好好參究一下。按文字來解釋，以牛那麼大體積通過之窗戶的窟籠，頭腳那能通過，爲什麼尾巴通不過去。一丈大的東西能通過去，而一寸大的東西，充通不過去。五祖下的暗號令是常用「因甚麼」三字，使人得到之問而問不入的境界，要知道這是他的精華所在處。這就是要行便行，要坐便坐，咳唾掉臂豈用別人力？死了要到什麼地方去？答覆是：「很快就到了子孫的時代。」這樣的答覆暫時可以許可，但並非是徹底究竟。這雖與生死去來眞實人體相合致但仍不過是迷惑於名義而失去了眞實，只不過是世間的矛盾現象而已。

元古佛的歌中有：「世間只有不動的『心』，才會不被，由幕中現出來的牛尾所牽引。參悟！參悟！」

拈提：無門曰。若向者裏。顚倒著得一隻眼。下得一轉語。可以上報四恩。下資三有。其或未然。更須照顧尾巴始得。

釋義：無門說：「如果能向這裏面，顚倒過來注意看一下，能夠下得一句轉語的，那就可以上報四恩，下救三有。如果還沒有了悟，那就更得照顧一下尾巴才能得以成就。」

講解：「顚倒」，積極的方面是推倒的意義，包含有彈劾反對的意義。這就是臨機不讓歸。放眼四觀，則天地都入於眼中，而天地在我的眼中不過是一種影像而已。無論何人都可持有這樣偉大的眼光。吹法螺的人們逃跑的姿態亦莫不收入到眼底。此處所橫着的眼有兩種區別。普通的眼和單另的一隻眼。

「者裏」是難透的公案。如果在此處能把天地所有一切都以撞倒的眼光來突破，則一切都得到了自由。「下得一轉語。」不僅是言語文字的一個句子，是在有形無形都要得轉用才有用處。雲門無論何時都是一字圓，一字陀羅尼「陀羅」譯成總持。都有轉處之妙用的。我們要把入地獄當成是遊逛花園，提婆的惡，觀音的慈悲，須利槃特和文殊的智慧，都是各安其所，彼一時之法位，此亦一時之法位。提婆也是把大乘妙典向因位之釋迦說法的一位阿私仙人之再世。他遊地獄安住時三禪天的清凉處，使阿難感到了驚奇。所謂安住，卽是須要無我。卽是成澈其物而不羡於外境。並無後顧的牽掛而隨緣的轉轆轆。昇亦不喜，落亦不悲。卽或無落脚處亦不煩悶。卽使有了着落也不過是事物的交通，並沒有退身的餘地。要在物外去認識物。我們平常心就是道。但是人們每天都在不停的實驗可是並不感覺。洗臉吃飯工作睡覺，什麽也不知道，和死了一樣，早晨起來睜開眼睛就活着，晚間又死了。不是連休息的時間一點都沒有嗎？爲甚麽尾巴過不去呢？這是顚倒的看法，問這話的五祖是顚倒了。劉鐵磨說：「和尙不要顚倒！」被紫胡（鐵磨）重重的打擊了一下。說顚倒已經是遲了八刻。釋迦達磨都成了顚倒，一切掃除淨盡，只承認日用光中的威權，這才是眞正的報恩底。四恩是父母、國王、衆生、三寶。可以說無時無處無有不受恩者。三有是欲界、色界、無色界。「有」就是業的別名。爲了保有未來之果，才有這一名稱。在黑夜之間長上了眼睛鼻子，成了一個牛。載負着四恩三有前進，更有何不能通過的。「其或未然。更須照顧尾巴始得。」如果這樣還不得明白，則尾巴是一個什麽物呢？自己對自己返照一下，去一下看一看，坐下來看一看。睡下來看一看，不覺是一場大笑話！

頌：過去墮坑塹。回來却被壞。者些尾巴子。眞是基奇悟。

釋義：要是過去就墮落到坑塹裏面，而回來就要被破壞。這一些尾巴可以說奇悟又奇悟的東西。

講解：這個是指水牯牛，牯是大牛，是天都蓋不過來的底。向那裏去前進，當它想到這裏就墮落到無底深淵裏面。地也不能負載的境界之大牛，如向什麼地方後退，此心一起就要被殺掉了。是非透非不透，非有非不有。而是常動工作不止的東西。「者些尾巴子，直是甚奇怪。」者些就是這些是絕棄了大小之物。也就是這一匹大怪牛。看見了嗎？騎牛而問牛實在是太愚蠢，見怪不怪，其怪自敗。「啊！人生之旅途如牛，看窗前今宵之月。」這是芭蕉吟在牛窻前的述感。請問把那一隻牛拉到這裏來，一個不留心，就要被牛角所牽引而不得脫了。白隱禪歸說：「尋常一樣窻前月，纔有梅花便不同。」世間誠然是一座很好的美術展覽會。這正是：「君見關山子，忘却來時路。」

三十九 雲門話墮

本則：雲門。因僧問。光明寂照遍河沙。一句未絕。門遽曰。豈不是張拙秀才語。僧云。是。門云。話墮也。後來死心拈云。那裏是者僧話墮處。

釋義：雲門爲了有僧人問他說：「光明寂照遍河沙。」雲門忽然對僧人說：「這不是張拙秀才的話嗎？」僧人答稱，是。雲門說：「你的話露了。」後來死心禪死批評他說：「你且說一說，這僧人的話有什麼墮落之處？」

講解：這和尚是在光明之中要求光明。好像在白王宮傍邊問皇家的住居。再作一個比方，就是把自己的家認爲是租的房子，好像是付了房錢的一般。這是無繩自縛。雲門也是不稍假借的說：（那是向外人借來的東西呀！」但是僧人遲鈍答應了一個「是」字。使雲門白白的放了一箭。可惜可惜。門云話墮了也。這話又說錯了。無論如何的說也是失敗了。那東西就是那東西，沒有對人驕傲的必要。無論怎麼說都是不當的。說父不是並不燒嘴嗎？雲門第二箭又失敗了。「後來死心拈云。且道那裏是者僧話墮處。」死心禪歸是黃龍的徒孫，晦堂的徒子。雲門後二百年的人。「拈」是批評。「且道。」是輕問語，「那裏是者僧話墮處。」在禪海中垂釣，如果答應「是」是不對，那麼世間就沒有掃除疑雲見晴天的時候了。說「是」的時候其中有何物，好自檢點一下，死心禪歸也不免入到了這個僧人的行列。日人象山是一位正義之士。他五十三歲時候，住在京都木屋町，他作了一首詩：「謗者任汝謗，嗤者任汝嗤。天公本知我。不覓他人知。」禪者見了這樣的俗漢，也就瞠目若何他不得了。法雲曰：「有人問如何是祖歸西來意，他還會向人說話墮了也嗎？」這又是雪上加霜，快說快說。傍也有人會說這也是話墮！話墮是渡口，這正是：「無言反有功。」又是：「露柱笑呵呵。」

拈題：無門曰。若向者裏。見得雲門。用處孤危。者僧因甚話墮。堪與人天爲師。若也未明。自救不了。

釋義：無門說：「如果向這裏看出來雲門用的是險峻的句子。這僧人爲什麼話是露了呢？如果了解就可以做人天的師範，如果不明白，那就自救不了。」

講解：這裏說話墮了的一句，無論怎麼話也就是話墮。釋道也是話墮，一般達者也是話墮。「孤危」是險峻的意思。除此之外再沒有可用之字。人人氣宇如王，豈但是雲門時獨具。這僧因甚麼（五祖門下的暗號令）話墮，是死心禪歸的妙用，可以說達到了相當的覺境，不但是人天師範也可以說是佛祖的如果不能覺悟這個，則如同自己看不見自己的鼻子，那就永久是猫的兒子要捉老鼠，這日月將如何得過呢？法梅無邊無底之深，不到將盡不止。

頌：急流垂釣。貪餌者著。口縫纔開。性命喪却。

釋義；在急流水中垂下釣竿，貪食魚餌的急就着上了。嘴剛一開了口縫，就喪失了自己的性命。

講解：「急流垂釣。貪餌者著。」這僧人的一句話還未住口，雲門立刻就說：「豈不是張拙秀才語。」這是爲了要辨別此僧來機的一個釣針。但是在急流之中唐突難辨，針與絲線都看不出來，所以此僧不得不懵懂的答覆了一個「是」字，實在是可惜！「口縫纔開，性命喪却。」這是他一開口就着了釣鈎。但這總是出身的一條路。無門也想試一試治療，可是恐怕也是喪車背後的藥袋子。因爲人人都忘了用鼻子去吸氣，古人所謂是活死人。總之是話墮了。

張拙是石霜諸禪歸的法嗣。石霜問：「秀才姓什麼？」答曰：「姓張名拙。」石霜說：「朮巧尚不可得，何來拙？」張拙忽然大悟。名之巧拙都是妄想。物是什麼也不說，沒有巧拙的時候才是天眞妙境，長者是長法身，短者是短法身。法身無論何時都是相同的。張拙在一刹那間忘却了自己，在喜悅之餘！他作了一首偈：「光明寂照遍河沙，凡聖含靈共一家。」河沙是恒河砂數的諸國用自己的光明照遍了諸國各地。當宇宙一家的時候就沒有敵人。秀才是進士及第時候的尊稱是終身文人的評價。是在野的博士。又有人有與以上相反的說法，說考不取落第時候的稱呼，是在野的大學者，此說恐怕不對的。

四十　趯倒淨瓶

本則：潙山和尚。始在百丈會中。充典座。百丈將選大潙主人。乃請同首座。對衆下語。出格者可往，百丈遂拈淨瓶置地上。設問云。不得喚作淨瓶。汝喚作甚麼。首座乃云。不可喚作木楔也。百丈却問於山。山乃趯倒淨瓶而去。百丈笑云。第一座輸却山子也。因命之爲開山。

釋義：爲山和尚最初在百丈會中充任典座。百丈禪歸將選出一名和尚爲大潙的主人。他請與首座和尚一同，對衆僧下一禪語，有能答覆及格者可往潙山。百丈於是把淨瓶放在了地上，設一問題說：「不可叫牠是淨瓶，你們叫牠是什麼？」首座於是說：「不可叫牠是木楔也」。百丈於是問潙山，潙山一脚踢倒了淨瓶而去。百丈笑着說：「第一座輸給山子了。」於是他就命令潙山爲開山祖師。

講解：淨瓶是比丘們常常攜帶貯水洗手的器皿。可以洗去一切。「浮世之濁流，使山水之清心成爲墨染之袖。」

「潙山和尚始在百丈會中充典座。」潙仰宗的開山祖師，也做過煑飯的工作。雪峯、洞山（雲門宗的洞山）也都做過典座。典座做的是典座工作，這就是佛法，只是全心全力忘却自己的去做，如此安住不動如須彌山。日人飯山做了三十五年的校長，他說：「我沒有青雲之志，校長就是我畢生的事業。如此才能作育英才。」拿破崙雖然做了皇帝，但是他見了小學敎員必定脫帽敬禮。元吉佛買香菇，被育王山的典座所激動，空手而還鄉了。厨夫女傭是家庭的典座，一天沒有了他們，則天下將受饑餓。看不起他們的人等於是自殺。這是一般人應當猛醒的。「百丈將選大潙主人，乃請同首座對衆下語，出格者可往。」從前選一山住持，在一問一答當中就決定了。一切學問，辯才都與「禪」是沒有關係，有了這些不過是傳道上的便宜。最要緊的還是道骨稜稜的人才能入選。寺院是十方信施的場所，並非是私產，乃是三寶之物。三寶之物可以說是公共的東西。如果盜用三寶，則其罪很大。現今的寺院住持都要用金錢買賣得來，這可以說是末法時期的怪現象。「百丈遂拈淨瓶置地上設問云。不得喚作淨瓶汝喚作甚麼。」「百丈立起一個淨瓶向大衆宣示說：「這不得叫做淨瓶，應當叫做什麼？」這一點和五祖伸手而不叫乎，應當叫做什麼是相似的。首座中第一座，也是德業兼備的六座中一位。他由開始就有做住持的野心，百丈在事先曾有意委託給潙山去做住持，但是首座花林和尚反對，因此才開始了這一場大選拔試驗。「首座乃云。不可喚作木楔也。」木楔是木履。當然淨瓶就是淨瓶，不能叫做是木履。可惜這是架上的鸚鵡，雖然能言却未明了自由。「百丈却問於山。山乃趯倒淨瓶而去。」一切都是累贅，如果無我不思名利，作出來的事情也就漂亮可觀。首座對潙山也不得不加心服。「百丈笑云。第一座輸却山子也，因命之爲開山。」百丈禪師這時候是笑容滿面，當下卽行判定說：「第一座輸給了潙山。」這是不徇私情的話。養飯的人在百丈一言之下，而成了一千五百人雲水客的主人公，這可以說是賞罰分明了。在傳燈錄上有山子二字，在會元錄上則只有山之一字。

拈提：無門曰。潙山一期之勇。爭奈跳百丈圈圚不出。檢點將來。便重不便輕。何故。聻。脫得盤頭。擔起鐵枷。

釋義：無門說：潙山是一時之勇，到底跳不出百丈的圈紐。奈何！檢點一下將來的前途，是沉重而不輕快的責任。爲什麼呢？且看！除掉了盤碗的工作，而又擔起來沉重的鐵枷了。

講解：潙山踢倒了淨瓶是奮起一生的勇氣，可以說是痛快無比。然而在無門的眼裏看來，仍然嵌制在百丈的手裏，作一個住持並不合意。「檢點將來便重不便輕。」仔細檢查一下，就可以知道在重擔方面是得了便宜，在輕快方面就沒有便宜了。「何故聻。脫得盤頭擔起鐵枷。」聻是且看下句。典座的工作是除掉了，但是成了一千五百人的主人則是放下輕擔槓上重擔，使得一生都卸不了肩頭。這是假手借頭的事。爲了世上的名利，對於爭奪寺產的人得要暗暗的警戒。對於使佛祖地位權化的可厭的人們，也不能加以扼止。務使它不要累及後世的子孫。同時還要做到「大清絕點」，立起來「眞常流德」「打破迷悟的鏡面，我與你相見。」「盤頭」是說典座的事，每天要收拾水盤飯盤，「圈」是用屈木作的圓圈，「繢」是繩紐。是圈縛虎豹的檻圈。

頌：颺下笊籬不杓。當陽一突絕周遮。百丈重間攔不住。脚尖擢出佛如麻。

釋義：扔下了笊籬和木杓子，當面分明的一蹴沒有人能阻擋。百丈的重關都攔不住，潙山的脚尖踢出了多少佛來。

講解：「颺下」是好像大風吹物四散無踪了。這裏是放下之意。笊籬木杓都是典座所用之物，現在被百丈選拔及格，當然這些工作就不再作了。「當陽一突絕周遮。」是賞讚潙山踢倒淨瓶，不走迂迴彎路。「百丈重關攔不住。脚尖趯出佛如麻。」百丈雖然設下了重關想要遮斷捷路，而潙山則是驀直向前曾不他顧，這誠然是很偉大。因爲他這一踢，就出現了後來多少佛祖如稻麻竹葦一般。潙山托上仰下，意氣昂然。諸人也都各自迴顧自己的座下。「當陽」是分明之義。可以看做是突然。「一突」是急遽的一蹴，就一切消散了。現在日本京都龍安寺裏還有一幅踢倒淨瓶古畫，畫的是栩栩如生。

如何是有漏，笊籬眼，如何是無漏，木杓頭。一切莫非是佛法。欓隱著語中說：「驢事未去馬事到來。」芭蕉誦上說：「佛法是門環子，打火石，鶯的鳴聲。」一一參解，並無難處。只是不著如水之流過，觸緣而驢事馬事都自在無碍。

四十一　達摩安心

本則：達摩面壁。二祖立雪斷臂云。弟子心未安。乞師安心。摩云。將心來爲汝安。祖云。覓心了不可得。磨云。爲汝安心竟。

釋義：達摩面壁坐禪，二祖在雪地上站立用刀斷下了一條胳臂，說：「弟子心有未安，請老師給予安心。」達摩說：「你拿心來，我爲你安心。」二祖說：「我找不到心。」達摩說：「我已經爲你安了心了。」

講解：達摩是香至王的第三子般若多羅尊者。有時候人以寶珠試驗他的智慧。王子說：「這是世間之寶。道寶則是無上的寶。於是他坐禪七天，就得發了無上智。改名達摩。是通大之義。達摩遵照他師父遺囑，遠渡重洋，歷盡波濤艱險，經三年的功夫，來到了中國南海。這時候他已年一百二十餘歲了。

到金陵謁見梁武帝，如聾如啞，不聞不言。坐一葦扁舟，添江北上。居於北魏嵩山少林寺的東了安心。身雖痛而心却歡喜的勝過痛了。因爲他辛苦的得到了不死的生命，淚下拈襟是不朽之果。這種歡喜當中包含了什麼？所謂安心就是安易的心。並不只是心安易，而是身心相連的走入地獄也是安易心昇入天堂也是安易心。無論受了多大損失得了如何的大病，或是打敗了仗，其心都是安易的。可以說身外無心。而其心之外也無有身。身心兩皆脫？常常只是安易此心，就非常的舒適，如果說身外無心，則當下一斷語說：「果然被它郎當癛贅。要向南無三達摩澆上一盆惡水。」不安心就是危心。我們要向高處着眼。雪竇和尚說：「喚達磨來爲我洗脚。」這是悟後的見識。

拈提：無門曰。缺齒老胡十萬里。航海特特而來。可謂是廂房中，面壁九年，無語打坐。這是達摩的身心脫落，正法眼藏。是佛的標本，只是如此的打坐而已。求心所上，故能安樂。只是如此活動，能率不變。擧全力以付。如此在生死當中不交餘念，而能快樂的死去。無論誰來都無言無物。是已經把全體都扔出去了。是有目而不見的。二祖求道也是不惜身命，在積雪中埋骨，寒氣侵人，落淚滴滴。大師見了非常的憐愍他說：「汝立於雪中求何事？」二祖云：「惟願和尚慈悲開甘露門。廣渡羣品。」羣品指的是一切衆生。並非是只渡我一人，這是二祖發大菩提心。大師說：「諸佛無上的妙道，曠刼精勤，難行能行，非忍而忍，豈是小德小智輕心慢心所可得的？」於是又不顧而打坐。二祖聽了大師的慈誨，涕淚增長，求道的志願愈切，自己偷偷的以利刄斷掉自己的左臂。大師於是開始允許他入室，賜名惠可。行誠上人對這件事作歌云：「唐紅染少林之雪，心色漸褪，使人感嘆落淚。」

「弟子心未安，乞師安心。」心念紛亂，東飛西飛不止。到無人道上找人，是勞而無功的。雖然是無有人，但一經發現，卽成爲發現者之所有這是國際公法的規定，古今的通義。宇宙亦將爲其人所有。「摩云。將心來爲汝安。」他的不安之心又在何處？而他所求的又是什麼？此所謂之「有而壞有。」物外本是無物。所謂圓、方、赤、白、有無，都是因爲有心而來，這正是「意不在言，來機又赴。」「祖曰。覓心了不可得。」這是到那裏問都是沒有的。好事不如無事。「摩云。爲汝安心竟。」知道了「無」就不再入於求。停止了求心，就如釋重擔。二祖開始得到無風起浪。末後接得一箇門人。又却六根不具。咦。謝三郎不識四字。

釋義：達摩老胡殘齒不全，十萬里航海專心而來。可以說他是無風起浪，無事生非。末後了收了一個門徒，又是一個殘廢不全的人。可笑的是謝三郎連錢上的字都不認得。

講解：缺齒老胡是罵達摩的話。因爲光統律師和菩提流支兩人用石頭打狗而把達摩的兩個門齒打掉了。後來達磨被人下毒五次，最後終於被毒死了。「特特」是專心致意的。眼橫鼻直是古今都是一樣。江山流水古今皆是相同。由變的方面看，則天地一瞬間都不停留。由不變的方面看，則我與天地無論何時都是不變。名義上雖然變了，但物物都是相同的。人無論何時都是人。更何他求。求心是一種風。不停的是水的浪花。世事浮沉像小舟一樣的危險。「末後接得一箇門人，又却六根不具。咦謝三郎不識四字。」最後送來一件禮物誰想又是一個殘廢不全的人，豈不要令人笑死。咦！是笑的態度。謝三郎是中國古代形容蠢人時用的名詞。四字是銅錢上的四方刻的四個字。例如像寬永通寳等等。這裏面包含着有眞正的腕力壓下去的有力的宗旨。四字是罪字頭。俗語說：「罪頭都是你。」（你是禍首）老胡。

頌：西來直指。事因囑起。撓聒叢林。元來是儞。

釋義：達摩西來直指人心，此事是因爲祖師的遺囑而起。撓聒吵亂了叢林，元來就是你這達摩缺齒老胡。

講解：「西來直指。事因囑起。」達摩西來東土，直指人心，直向心頭。他爲儞安心境，由付囑傳法而起了禍事。「撓聒叢林。元來是儞。」因此把千餘年的叢林中修行者們都使他們起了騷動，累及了兒孫，這都是你這達摩所引起的。爲什麼呢？本來說的事情表示的事情都是前所未有的。在弱者看來是眼中的毒病。但達摩不來東土，二祖不往西天，這是割不斷的因緣。西來以前是什麼時節，西來以後是什麼時節，我們要往高處着眼。「撓」是擾亂。「聒」是絮煩。

四十二 女子出定

本則：世尊。昔因文殊。至諸佛集處。值諸佛各還本處。惟有一女人。近彼佛座。入於三昧。文殊乃白佛言。何女人得近佛座。而我不得。佛告文殊。汝但覺此女。令從三昧起。汝自問之。文殊繞女人三匝。鳴指一下。乃托至梵天。盡其神力。而不能出。世尊云。假使百千文殊。亦出此女人定不得。下方過一十二億河沙國土。有罔明菩薩。能出此女人定。須臾罔明大士明。從地湧出却至女人前。鳴指一下。女人於是從定而出。

釋義：世尊在從前因爲文殊菩薩到諸佛所集合的地方，正當諸佛各歸本位，當時有一個女子，挨近佛的寶座，入於三昧禪定之中。文殊菩薩乃對佛說：「爲什麼這女子得以接近佛座，而我則不能接近呢？」佛告文殊菩薩：「你可以喚醒這個女子，使她由三昧禪定中起來，你可以自己問她。」文殊菩薩圍繞女子三圈，彈指作響一下，把女子托到了梵天，文殊菩薩用盡了神力，而不能使她出定。世尊說：「縱令有一百一千個文殊菩薩，也是使這女人出定不得，在下方經過十二億河沙國土，有一位罔明菩薩，能使這女子出定。」過了一些時候，罔明大士從地下湧出來，向世尊禮拜。世尊命令罔明，罔明就到了女子面前，彈指作響一下，女子於是從彈定中醒來。

講解：這一段因緣，是出於諸佛要集經。罔明原名叫做棄諸蓋菩薩，後來名之曰罔明。

這時世尊是成爲別一他土的天王如來。他集合諸佛會議以後，都各歸各國而去。唯有文殊是最後來到。他看見有一個女人接近佛座坐禪。當時在印度女人因罪障太多，不能成佛。文殊菩薩如果不是沒有疑問，則他就應當入於一切法空而沒有任何男女之相。女人如無不堅固，無不清淨，無不勇敢，無不慈悲，無不知惠。則此五障全無，女人也是男人。如果有此五障，則男人也是女人，一休和尚說：「雖是女人，能明法藏，亦得爲釋迦達摩。」「佛告文殊。汝但覺此女令從三昧起汝自問之。」究竟問誰？文殊是女子，女子是文殊，汝是非渠，渠正是汝。自己返照一下好了。「文殊遶女人三匝。鳴指一下，乃托至梵天，盡其神力，而不能出。」文殊急忙的用盡了所有的神通力，千方百計想叫她站起來，這眞是如同在水裏喊渴。彈指驚覺她是去穢存淨，但在覺人之先先須自覺。「托至梵天」托是押制女子之力，已達極點，形容到了梵天之高處。「圍繞女人三匝」是依佛命時候的常軌。有三世通達之義。也有變三毒爲三德之意。「世尊云。假使百千文殊。亦出此女人定不得。」這好比是站立着的人再把站立着的人給立起來是一樣的不可能。文殊菩薩他並未留意到他自己成了坐禪女子的反射體。世尊說汝自問之其意義卽在於此。「下方過一十二億河沙國土有罔明菩薩能出此女人定」因爲是下方就不看上邊。因爲不看上邊也就沒有了下邊。罔明應當看作是瞎子，如果不這樣想那就什麼都看見了。阿那律是瞎子但他結果得成天眼通也是有趣味的事。如果無明也就無暗。都把它看成是一體這就是罔明的標徵。十二億是指十二因緣。一說是四十二億河沙，是指四十二位的妙覺果滿。億是廣大之義。豈但是罔明如此，就是狸奴白牯也都是一樣，名異而物實相同。我們應當一年到頭都是和這女子一般的出定入定自由自在的才對。「祖曉」曾作歌說：「釋迦如來文殊罔明，連峯深山樹木皆春。」我們日常的活動也應當如是。這正是：「只許老胡知，不許老胡會。」「須臾罔明大士從地湧出禮拜世尊。世尊勅罔明。却至女人前，鳴指一下，女人於是從定而出。」從地湧出的「地」是指的人之心地。心地甚麼都能湧出。傀儡、人形、佛祖、惡鬼，都在人心須臾之一念。這正是：「一念普觀無量刼。」湧出是迫不及待。虛堂說：「文殊不得出，家鬼作祟，餵狗反而咬了手。」大愚芝說：「僧投寺裏宿，賊入不愼家。」公案只有在不留意的時候，則千處萬處一時都透。天下沒有比無心再大的東西。屈原曰：「深思高擧爲自放。」本來是可以不死之身而偏去投江。不僅是屈原如此，文殊也與他相像。

拈提：無門曰。釋迦老子。做者一場雜劇。不通小小。且道。文殊是七佛之師。因甚出女人定不得。罔明初地菩薩。爲甚却出得。若向者裏見得親切。業識忙忙。那伽大定。

釋義：無門說：釋迦老子做了這一場雜要，小人是不會了解的。你且說一說看，文殊是七佛的師父，爲甚麼還不能使女人出定。罔明不過是一位初地菩薩，爲甚麼他却能夠作到使她出定。如果能向這裏見得親切。你就知道了業識茫茫龍蟠大定的道理了。

講解：「無門曰。釋迦老子做者一場雜劇。不通小小。」釋迦這個老兒，用文殊、罔明和女子做了一場大戲。如果不放大眼光來看到底是不通。不通小小，小人當然是不會明白。這是一水四觀，餓鬼見火，天人見瑠璃。人、水、魚、家。「且道文殊是七佛之師，因甚出女人定不得。」「且道」，實在是不能道。無論何時都無有牽掛。「爲甚」是五祖下的暗號。「生死透脫」是不留心生死。在世間有立也有坐。把從前的夢話用力改換，腦中的殘汁極力的縮減。一切只是如是，彼物卽是彼物，「向者裏見彼親切」成時成，敗時徹底失敗。不與其他較量，自己無有自己，這不是煩惱卽菩提。一切的死、病、生、得朝夕忙殺。任其自然切勿着手。不受其他處分之處，卽是諸佛的不動智，卽是那伽大定。那伽是坐。打坐的姿態如龍之蟠屈。坐亦定，行亦定，語默動靜體安然。釋迦要覽說：「那伽並非是受世間業報的龍，取其自在無碍之義。」這正是：「三級浪高魚化龍，癡人猶戽夜塘水。」

頌：出得出不得。渠濃得自由。神頭並鬼面。敗闕當風流。

釋義：無論是出定不出定，他和我都得了自由。無論是神頭是鬼臉。在敗闕破簷之下亦自有其風流。

講解：「出得出不得。渠濃得自由。」到了出的階段，就徹底的出，不出的時候就徹底不出。彼亦一時的法位，此亦一時的法位。人人份上都是豐滿的。他是他，我是我，無他無我就不受他人的支配。由佛法的眼裏來看就無有一件可棄之物。「神頭並鬼面。敗闕當風流。」成神受人崇拜，做鬼受人惡厭，天下是一因果之大博覽會。世間如塞翁失馬禍福相絆，如繩鎖加身。無論順逆場所都要安住而不動心這就是禪的功夫。一切都不過是一法界的時間而已。一切都是莊嚴的。有何可厭，有何可嫌。因此文殊的敗闕，也是風流之處。角色是有種種不同，東家之馬西家之驢，這正是「自携瓶去沽村酒，歸著衫來作主人。」

四十三 首山竹篦

本則：首山和尚。拈竹篦。示衆云。汝等諸人。若喚作竹篦。則觸。不喚作竹篦則背。汝諸人。且道。喚作甚麼。

釋義：首山和尚，拈起來一個竹篦，對大家說：「你們要叫它是竹篦就是觸物着象，不喚作竹篦就是違背物象，你們且說說看，應當叫它做甚麼？」

講解：首山是林才五世的法孫，風穴的法嗣。問他如何是佛，首山答稱：「新婦騎驢阿家牽。」新嫁娘因爲疲乏了才騎上，婆婆不疲乏用手牽着網繩。這時候新嫁娘忘了她是由別家而來，婆婆也忘記了她是別人的姑娘，這樣彼此是兩無隔閡。而新嫁娘是開始作婆婆，婆婆則是新嫁娘的終了。名雖不同，實質上是一件東西。這是都不相忤犯的。人與人如此，國與國如此，能夠了解了竹篦這一則，則天下確實太平了。竹篦是禪家七件道具之一，是如來手頭的用品。首山和尚拈起來的是什麼，此處應當好自參悟。下面的句子就潑出了惡水，就它是要挨打，說它不是也要挨打。說的時候來說，究竟有說的東西嗎？「禪」是意志最強最高之物。要有臨機不讓師的氣概。所以葉縣的省禪師由首山的手中，盛氣的奪過了竹篦，折作兩段擲於地上而說「是什麼？」這眞是很好的答覆，心中起了不平。首山喚他做瞎子，於是他開始大澈大悟了。而已經是晚了，為什麼事先看不出來呢？此庵說：「千山鳥飛絕，萬徑人跡滅，孤舟簑笠翁，獨釣寒江雪。」既無有背觸，也無有竹篦。

拈提：無門曰。喚作竹篦則觸。不喚作竹篦則背。不得有語。不得無語。速道速道。

釋義：無門說：如果喚作是竹篦則觸，不喚作竹篦則背。不得有話說，不得無話說，快說快說它是什麼？

講解：超越了背觸語默來說一句話，既不可以折斷又不可以取拿。如果加以議論，就要打他三十棒。快說快說。此處就是必須跳出的所在。在我們的眼中來看首山和尚是多餘多餘。枯木元云：「不觸又不背，徒勞生擬議，開口更商量，白雲千萬里。」

頌：拈起竹篦。行殺活令。背觸交馳。佛祖乞命。

釋義：拈起來竹篦，大動殺伐命令。在背觸交馳戰鬪之下，佛祖請求饒命了。

講解：要殺就殺佛殺祖，要活就要像雪隱一般惠及蛆蟲，發大光明。可怕的竹篦子。「背觸交馳，佛祖乞命。」說它是什麼就觸象了。不說它是什麼就背象了。好像是千條鱸魚來回更換，押迫的氣息停滯，就是佛祖也只有動不得的掙扎性命了。如果是你將怎麼辦，一條活路都沒有那可以嗎？「竹篦」是用竹子作的打瞌睡者的夾篦子。

四十四 芭蕉拄杖

本則：芭蕉和尚。示衆云。儞有拄杖子。我與儞拄杖子。儞無拄杖子，我奪拄杖杖子。

釋義：芭蕉和尚對大衆說：「你有拄的杖子，我和你拄着杖子，你無有拄的杖子，我奪你的拄杖杖子。」

講解：這一則如竹篦都是禪家的重寶，拂子是如來的白毫相，竹篦是如來的腕頭，拄杖是如來的脚頭。從古以來由這些禪機而得大死一番的人是不可勝數。這正是：「惟聖不念作狂。惟狂克念作聖。」任何人都要加以深念。非思量乃是思量的眞實體。芭蕉繼承南塔的湧和尚，湧和尚繼承仰山，他是朝鮮人。日本的佛法是由欽明天皇十三年由百濟的聖明王傳來，是日本的大恩人。古代朝鮮也出了很多的高僧。天臺的四敎儀也是朝鮮人諦觀法師所傳。四敎儀大部亡失，是一部絕妙的著作。這一則的要點是給與有者，而奪去無者，這是在人情常識上所不能判斷的。是爲了打破情識的暗窟。有上給與有，是笠上加笠，無中奪無是不可能的說法。有無都奪在今天的事情上，就成了洒洒落落。究竟人人本具的拄杖子給與與奪取是不能夠的。會元錄說：「靠拄杖子座。」這是無有用處的。這五個字要大大的參究一番。物之迷悟與有無，是都不可說的。人特別附加上名字是只有苦惱。殺人成物就是禪。彼物卽是彼物。日人蜷川之妻說：「麻絲難有長短，有無也不過是暫時。」古歌有云：「有無都是樹之果，（卽物）吃起來（成空）沒有兩種味。」於是下一斷語曰：「和尚很能秘藏，但却有點愚蠢。」虛堂說：「請各各放下拄杖子。」蓮華峯庵主說：「楖栗橫擔不顧人。直入千峯去。」人是被眼睛所拘束。古德曰：「一條楖標任縱橫，金毛躍入野狐窟。」人人都說野狐躍入金毛窟。但是人如不是愚蠢，就不會明白這句話的道理。這是極樂。無人島是什麼時候都沒有人。這裏面那一句話合你的意呢？快說快說。咄！一筆勾下！「楖」就標是拄杖。是一種樹木的名字，這種樹木是適宜於作拄杖之用。

拈提：無門曰。扶過斷橋水。伴歸無月村。若喚作拄杖，入地獄如箭。

釋義：無門說：相扶着過了斷橋的河水，相伴着回到了無月之村，如果你把拄杖喚做拄杖，那就像箭一般的鑽入了地獄。

講解：「無門曰。扶過斷橋水。」這不是不自由嗎？沒有橋而能渡過了河川，這就是佛道。是拄天撐地的大人物。「伴歸無月村。」在暗處自在往來，這就是眞理，拄杖子的光吞萬象。下兩句不必解釋也就可以了悟了。

頌：諸方深與淺。都在掌握中。撐天幷拄地。隨處振宗風。

釋義：十方世界的深淺，都歸我之掌握。撐天拄地，隨處都可以振做宗風。

講解：彷彿以杖試水之深淺，以這箇拄杖子檢點諸方的師學，一切都歸自己的掌握，這是再痛快的事也沒有了。在任何一個時地都可以大振宗風，天下一切，望風披靡，當你忘却了自己成爲拄杖子的時候，則天下莫不是成了自己。所謂仁者無敵，王請勿疑。「宗」是能尊之義。世間再沒有比忘了自己再尊貴的了。貧窮的時候就是貧宗。「問貧子來將何與？」趙州說：「貧非貧，如何求得貧？」趙州又說：「只是守貧，濁富常憂，清貧常樂。」「知足常樂是福神。」死的時候就是死宗。我們不望生不求極樂，就能笑而瞑目。何處黃土不落葉？加來爾說：「我無宗教，但我並非是無宗教者。我有我之宗教。」這只是說人人皆有拄杖子，只不過是拄也拄不着，看也看不見而已。

四十五　他是阿誰

本則：東山演師祖曰。釋迦彌勒猶是他奴。且道。他是阿誰。

釋義：東山演師祖說：「釋迦彌勒，不過是一般傢伙的他而已。你且說說：他是誰？」

講解：東山是五祖法演，這一則是由大處着眼，修養不動心。世間許多的卑劣漢把脚跟下的大光明甘於蹉跎空過。一休和尚給他母親的信中有：「釋迦達摩，並非他奴，而是比俗人尤劣之物。」此處之他，並非是自他之他。卽是指其人其物之他。他也可以念成是彼。「他是阿誰。」在稱念之中卽今與他（釋迦彌勒的主人公）相見。不明白的人什麼時候也不明白。可惜可惜。聖者覺者也可以下一判語爲胡長三黑李四。也可以叫做二藏三八。這一則參透卽是大悟。任何人要做都可以做得到。

拈提：無門曰。若也見得他分曉。譬如十字街頭。撞見親爺相似。更不須問別人。道是與不是。

人是與不是了。」

釋義：無門說：「如果能夠見得「他」明白，好像在十字街頭碰見了親生父親一般，更不必再問別

講解：當他眞成了他的時候，那一切都是他，這是應當好好的自覺一下。這個他並非是自他之他。而只是他。眞正的要是看破了這個他，彷彿像在十字街頭遇見了自己的親人，這時候再去問外人那就是愚蠢了。這是再確實沒有的了。自己要把自己的東西好好的知道一番。看見的是他，聽見的是他，想的是他。所謂親父是譬喻之親。實在全部都是自己而沒有疑問的。

頌：他弓莫挽。他馬莫騎。他非莫辨。他事莫知。

釋義：不要拉他人之弓，不要騎他人之馬，不要辨別他人的是非，不要知道他人之事。

講解：這一個他是自他之他。這四個他字，只要開始第一句了解了其餘就都應刃而解。挽他人之弓是不能好好中的。逐二兔不得一兔。涘郵政的信差，勤愼工作二十五年，他安住在他的本職之上，也有相當的文學修養，不求榮轉，只有一雙快速的飛腿，不求速而自速，不求强而自强。譬如打座參禪則只管打坐參禪，不交餘念，那就與這一則是相合的。騎他人之馬必定會落馬，武將愛錢則國家必亡。他是阿誰的時候，則打坐一切都不存在了。他是阿誰，天地一枚。「他非莫辨」。纔有是非紛然失眞。注意到他人的是非，則證明自己的心是不純。而被奪了。自己的心只要是純正，則他人之非自改。這正是「呼暴呼狂任他評，桃紅李白自然色。」「他事莫知。」這是除了其事其時之外是一無所知之事。此事從來不由他。獨立開始得自由。卽今對自己分上之事知足，又更何求，又要何待。這正是：「我只樂我之眞心，更無向誰有可問者。」喝茶看花聽鳥啼，此時夢境之眞其樂何如。

四十六 竿頭進步

本則：石霜和尚云。百尺竿頭如何進步。又古德云。百尺竿頭坐底人。雖然得入未爲眞。百尺竿頭須進步。十方世界現金身。

釋義：石霜和尚說：「百尺竿頭怎樣向前再進一步。」又古德說：「百尺竿頭坐着的人，雖然達到頂端但還不算眞正的到頂。（雖然覺悟還不算覺悟澈底。）百尺竿頭要再進一步，在十方世界就現出來完全之身了。」

講解：百尺竿頭是一切平等的覺悟。此處正是處於孤峯頂上。在這地方坐着是沒有絲毫作用。由此處飛出，立在十字街頭，得縱橫自在的境界，那才叫做是進了一步。那就是取得了悟的臭味。古德是指長沙而言，他撞到了仰山，人都叫他是岑大蟲。得入是悟入的意思。僅僅知入而不知出這就落於片段了。由此處飛出，不留痕跡，擧全力以作事，就可以達到全擧圓滿。因此轉悟就得要轉捨。如果認着於此點而不捨，那就要爲其所束縛。臭味除掉頗不容易。入佛而不可入魔卽在於此點。南陽的忠國師，隱遁在白崖山欓子谷四十年而不下山來。關山和尙在伊深里深處喂牛八年大燈國師在五條橋下二十年乞食討飯。這都是爲了拔除臭味長養聖胎。佛云：「見惑頓斷如破石，思惑難斷如藕絲。」與生俱來的習氣是很難除掉。釋迦的十大弟子各有其癖，迦葉的跳舞，舍利弗好怒，畢陵迦的驕慢，難陀的貪淫，然而見惑也是動趣有毫釐千里之差。大抵這賴耶識的暗窟要加以仔細的認識死。人們很多都是：「無生量刼來本，痴人呼爲本來人。」古人常說：「大空猶未合吾宗。」又說：「坐斷白雲宗不妙。」只有在進步退步一時都脫掉了之後，才能悟入到十方世界現出全身來。這正是：「難難明眼衲僧勿輕忽。」見與思雖分爲二，而其爲惑則一。根柢能夠痛快拔掉，習氣自然就容易取除。知道是火當然就不要跳入。如何是佛，慈明說：「踏不怒，容易動怒的人是沒有修禪的資格。」「十方世界現全身。」那又如何能夠發怒呢？猛省一番好了。

拈提：無門曰。進得步飜得身。更嫌何處不稱尊。然雖如是。且道。百尺竿頭如何進步嗄。

釋義：無門說：「能夠得到進步和飜身，則到處都可稱尊。雖然是如此，你且說說看，百尺竿頭怎麼樣再進一步！嗄！」

講解：竿頭進步就捨却身命，然後再跳到世間，則知道了到處都是我之全身之時，那時候天上天下唯我獨尊。世間並無可厭之法。松老雲閑，曠然自適。究竟如何再進一步，只在「嗄」之一字作最後之一決。嗄是瓦破了的聲音，卽今無懼無恐無有躊躇思之至切一聲之下，生死煩惱都是愚蠢，菩提涅槃一切的一切百樣雜碎了來看看，嗄！

頌：瞎却頂門眼。錯認定盤星。拚身能捨命。一盲引衆盲。

釋義：瞎了頂門頭上的一隻眼，錯認了秤桿上面的定盤星。能夠拚却身命不要，則一個盲人引導出來多少盲人。

講解：宏智和尙看蓮經中有：「父母所生眼悉見三千界。」而得了大悟。人人都有一點也逃遁混亂不了的頂門上一隻眼睛。與橫着的兩眼是不同的。如果把他故意弄壞了，就無佛了。就無生了。這是固定的文句是沒有通融的餘地。因爲人不知道元來有不迷之盤所以都恐懼着重物不能秤載，本來這秤桿是可以量天這秤盤是可以載地。但是一般小量之人只是斤斤計較秤上的盤星，豈不要使人笑死。但這只是無門所說的多餘的事。在這上面斤斤較量還能談到捨命之事嗎？十方法界由七佛以前卽都是一個全自己。向何處捨，向何處進步。誰也不願意成爲明盲之人。一個人目盲尙猶自可，如果都生來就是明盲之國，那就不成了。可惜可惜，如像那些無心的四方野山之草木，他們捨我而成了我身。這又是我們所不如了。

四十七 兜率三關

本則：兜率悅和尚。設下三關問學者。撥草參玄只圖見性。即今上人性在甚處。識得自性方脫生死。眼光落時作麼生脫。脫得生死便知去處。四大分離向甚處去。

釋義：兜率悅和尚，設了三關問學者。第一是：「尋師悟道參禪，為見性，眼了見性，眼前的上人之性又在什麼地方？」第二是：「認識了自性，方能解脫生死，到了眼光脫落的死時，怎麼樣生得解脫。」第三是：「解脫了生死就知道了去處，當你四大分離的時候，又向甚麼地方去呢？」

講解：這已竟是無門關，為什麼還有三關？呵呵呵！他的問難當中就是關中之關。透者不說，說者不透。三祖說：「毫厘有差，大在懸隔。誰能免去靈龜曳尾？」白隱禪師的隻手之聲，就是設了兩重難關。這是懸重賞以待勇夫。見性之終就是初物。末後就成牢。這豈是容易看出的。兜率院的從悅禪師是黃龍之孫，是眞淨克文的法嗣。四十八歲遷化示寂，有名的無盡居士是他的得法弟子。

「撥草參玄，只圖見性。卽今上人性在甚處。」見性就得殺了自己（無我）古來喪失身命有幾人。殺自己的時候就徹見佛性而得到事事無碍。佛性是切也切不斷，燒也燒不着。死也死不了，無長短，無寬窄，而又無論多長多寬都是有自在之力。他的最好標本是只管打坐。證明他的是公案工夫。打鈍熟立刻就得到身心脫落，確乎可以得到自己被殺。疑着話頭好像如嚼生鐵的時候，卽今上人之性卽得以現前。不知不覺手之舞之足之蹈之。殺呀！殺呀！殺了我之身，殺到什麼都沒有的時候，卽成爲人天師範。雖然是殺，但是並不是見血。成盡其物（見聞覺知）成盡其事（生死順逆），忘却了成盡之事，忘却了所忘之事，忽焉得到了自覺。這就是釋迦見明星而得了大悟。靈雲和尙桃花而解開三十年之疑。香巖聽擊竹之聲，無門聽齋鼓之音。聽翁右手執利刄，左手持線香，香煙燃盡如不覺悟，就手刄自己，誓不復生。火盡燃燒到指頭處，忽然大悟。人都有耳，古人也並沒有四耳，人都有眼，古人也並沒有四眼。看只是看，聽只是聽，切忌依賴他求。如像依賴因明而去立量。「卽今」卽是「上人性」，「上人性」卽是「卽今」。（宗）此乃當體全是之故（因）。譬如砂之成地，卽就是打到汚濁地上的「卽」他就可以明白「卽」字的意思。這是其間不得容髮的。這就是唯一的理想，如果不能把這個予以實證體現，那將依據什麼立於生死峯頭得大自在呢？釋尊祇園六年的端坐豈能看坐是容易的事情。年青的大衆如果討厭「死」，那就最好是死一次，死了一次再就不會死第二次了。這是白隱禪師的話。白隱後來在越後英岩地方準備着死，才遭了正受的毒手。

「性」之一字一言以蔽之是不改之義，無論何時都是不變的。其物卽是其物。是如來常住無有變易之意。此處的「性」可以看做是心性與佛性。此心就是超越身心，有轉轉自在的妙用。佛是氣品最高的意思，是解脫無碍之義。如果能夠看破這個，則佛就成了我之物，這就是見性。直指人心見性成佛是達摩的宣傳。直線是由一點到另一點所引的最近之線。乃是近道中之近道。所以禪是頓大之法門。是最偉大之道。諸方是曲指，而我則是直指與圓悟。如果特意的踏過了其物，向很遠的地方去紆迴，求之於外遂不可得了。道元禪師說：「佛道在人人的脚跟底下，被道所礙當處明了，被悟所礙當人圓成。」「礙定是斷盡之義。無論何時都得斷盡。如果有了他求的野心那就無論如何也看不到。這正這：「貪看天上月，失却掌中珠。」除了納入正歸的炙轜，百煉千煆之外別無他法。烏丸光廣的投機偈：「咬當無字齒先亡，端的咬時無盡藏，卽心卽佛阻萬里，風吹馬耳畫梅香。」撥草參玄是尋師徧參，是爲了修行的目的。上人是說佛法僧的僧。也就是把你的心拿出來看看之意。

「識得自方性脫生死。眼光落時，作麼生脫。」眞正的見性是要確信生死去來皆是佛性現前，何時到來都要不稍遲疑的去迎接。臨危不變才是大丈夫之事。脫是解脫之脫，生是在生中而脫生，死是在死中而脫死。這正是：「生死不可厭，涅槃不可欣，地獄不可懼，極樂不可求。」完全是大乾坤的境界。龍潭在臨死的時候不斷叫苦，弟子勸他不要如此。他說：「我的叫苦與樂的時候唱歌一點也不兩樣。」關山在風水泉的傍邊和授翁說着話站着就死去了。芭蕉和尚每次休息都要測量他的夢境，以上都是無所隱蔽的現成公案。「脫得生死。便知去處。四大分離。向甚麼去。」死的前途到何處去？這是很多的人所迷惘之處。大抵宗教是一時的氣息，能得澈底的安心，則比天亮的星星還稀少。這是因爲沒有經過正修行的關係。如以前所說的第一關就是末後的牢關。千處萬處必須是一時都透。第二不過是第一的證據。第二第三第四以及無論多少的經過，都要以快刀斬斷亂麻的手段去一截一切段。第三不斷則第一的見性的證據就不會出來。只要是對於生死去來眞實人體能夠加以領會，則這些事情也就沒有分開的必要了。

四大是指地水火風而言，是無所不在，無時不有的。所以叫它爲大。生死在四大有家之時，只是一離一合。而四大則是任何時候都不變的。譬如指之於擧，當合着的時候，就是擧的動作。這好比是生。當離開的時候就成爲指而休息，這好比是死。因緣來的時候又合，因緣的期限來到暫散。散合無限常是活潑潑的。因緣一期的初源叫做生，一期的終了叫做死。比方說一月一日是一年之始，十二月三十一日是一年之末。但是立刻又到了一月一日的生來了，這是必然的。仔細思量是無始無終的。因爲這年是有始有終所以世間才非常的有趣。因緣力是四大本有之力，它不是一部偏在之物。把因緣名之爲空也就是形容它的普遍絕大。無論何處都是因緣所生。空有變化（隨處現）無限無碍清淨諸義。經中說：「諸法從因緣生從因緣故無去來。無去來故無所住。無所住故畢竟空。是曰般若波羅密多。」這是眞實不虛的，應當只有如是信。般若是大智慧，體達因緣空，宇宙是全自己的境界。波羅密多是事究竟，是卒業。是大成功。元來無法去來而去來，無罣碍無有恐怖，得大自在這是見性的功德。

世間容易陷入流弊像馮濟川的偈言：「屍在這裏，其人何在，乃知一靈，不居皮袋。」還有外道的

「心常像滅」的邪說，主張身外有心，心外有身。大惠和尚他反駁這種主張說：「卽此形骸，便是其人，一靈皮袋，皮袋一靈。」無論何時皆有佛性。生死皆是佛之御命。

越溪拈云：「盡謂皮袋一靈一靈皮袋，咄去處作麼生，不河南便歸河北，以何爲驗。長路關山河日盡，滿堂綠竹爲君愁。」

頌云：「通身冷冷宵方半。尸屍無端燈下橫，雲散北邙山上曉。草鞋竹杖褰衣行。」現在所埋的屍骸，成爲雲水的行脚。以大宇宙來看不過是剎那間的復活。

張無盡頌云：「皷合東村李大妻。西風曠野淚沾衣。碧蘆紅寥江南岸，却成張三坐釣磯」皷合是大鼓，第一句是李大妻子的葬事，第二句是送殯埋在了曠野。第三句在歸途路上在河岸也一看，正好張三的父親在那裏垂鈎。他是一時的法位，我亦是一時的法位。天地一法界的金自己，都是自己的復活，不過空留憑弔而已。春花夏鶯秋紅葉，忘我之時垂鈎鈎。參！這正是：「三關一句說帶來，昨夜露柱向和尙」對了，呵呵。

拈提：無門曰。若能下得此三轉語。便可以隨處作主。遇緣卽宗。其或未然。麁飡易飽。細嚼難飢。

釋義：無門說：「如果能夠下得這三個轉語，便可以隨時隨地成爲主人公，遇有因緣都合乎宗旨。如其不然，那就是麁飡易飽，細嚼難以下咽了。

講解：轉語是自在之義。不僅是語言，而要代表身口意三業的清淨自在。一切都成了見性之人的時候，則一舉一動都成爲宇宙的中心點，是一切的主人公。無有此物卽無有彼物。我亦如是，汝亦如是。因有此物才有彼物。每一遇到相手（人及物）都成我的宗旨。遇着落地是落地宗，遇着九相是九相宗。這正是：「頓超清風明月境，安住鑊湯爐炭。」天地是一大圓覺伽藍，事事物物當知都是我宗的信心箇條。「其或未然。麁飡易飽，細嚼難飢。」明白了以後，但仍不容易脫離境界，業習根性不除，貪求烏有之物不止，這就是麁飡之恥。俗諺有云：「麁飡易餓。」細嚼難飢，不僅難飢亦且難以下咽，而不成眞身。如果能夠咬破鐵饅頭，則雖食之無味，但是百味具足。必須要打破八識賴耶的暗窟，這是無量刧來生死之本。這是無門和尚的血淚。這正是：「不言言奪飢人食，驅耕夫牛。」

頌：一念普觀無量刧。無量刧事卽如今。如今覷破箇一念。覷破如今覷底人。

一念觀遍無量生死之刧，無量生死的刧事就是現在。現在看破這一念，看破了現在就徹底的看破了一切。

講解：「一念普觀無量刧」，一念就是現在。你要觀看你現在的一念如何。所謂「你」是有你喝？這是以後加上的名詞。所謂「我」是有我嗎？這都是到處的一念（空間的）任何時的一念（時間的）無量刧並無終了之期，由過去遠遠的時間到現今我們的時候，佛祖在往昔是我們，我們也要成爲當來的佛祖。這是禪乘之偉大處。榮西和尚說：「世間除了現在以外並無其他。昨日去而明日不知，過去不知現在的將來。現在所成的盡未來之際，也莫非不是現在所有的時間。」「觀」是看破徹底，菩薩眼中觀佛性。所謂「現在之鏡」，是遍觀一切的。無量刧之事卽是如今，如今觀彼久遠猶如今日。六十小刧好像吃一頓飯的工夫。長短是一種分別。觀棋爛柯之樂，也不過是一日之間，憂多之人則有一日三秋之感。現在到何時都是現在。不論長短都是現在。現在是初生之時，則任何人無有如我之年青。無量刼成了一個現在，則任何人無有如我之長生。思之如一，則成爲天地最偉大之人物。這正是：「白衣須拜相，此事不爲奇。」討飯之人做了宰相也沒有什麼不可思議。「積代簪纓者，休言落魄時。」元來是權貴之家，暫時落魄，雖然是落魄，但仍然是大臣。自身具有不羨他人的强力。日本源氏的中葉就是如此如此。普賢行願品中有：「一念普觀無量刼，無去無來亦無住。」無住是可以飛向任何之處。又說：「如是了知三世事，超諸方便成十力。」這可以說再沒有比現在再强的了。

「如今觀破箇一念，觀破如今觀底人。」這是見性的眞實體。觀有能觀所觀，皆因對方而立。此外還有空假中，阿字觀，這都是多餘的邪魔物。物卽其物，沒有什麼可說的。見性之首要處，卽是在於掃除了一切名像的當體全是成盡其物忘切自己之處。這就是看破了卽今古人所觀之一念，所謂之「念」也是不可以念的東西，是什麼也無有的。所見之性也是任何處都沒有的。所謂元來應當透脫的生死之物又在何處。觀破這個底的人，其物卽是開始之物。不要再作無謂的煩勞，回家穩坐底好了。眼橫鼻直從古以來是任人皆知面目之人對嗎？惠元說：「這裡無有生死。」兜率和尚的三關好比是深秋此道無人走了。這正是：「秋天廣野引人絕，馬首西來知是誰。」

四十八　乾峯一路

本則：乾峯和尚。因僧問。十方薄伽梵。一路涅槃門。未審。路頭在甚麼處。峯拈起拄杖。劃一劃云。在者裏。後僧請益雲門。門拈起扇子云。扇子𨁝跳上三十三天。築着帝釋鼻孔。東海鯉魚打一棒。雨似盆傾。

釋義：乾峯和尚因有僧人問他說：「十方薄伽梵佛的涅槃門路在甚麼地方？」乾峯拿起拄杖，往空劃了一劃說：「在這裏的。」後來這僧人請問雲門，雲門拿起扇子來說：「扇子𨁝跳到三十三天之上，築著了帝釋天的鼻孔。要是打東海的鯉魚一棒，大雨像傾盆一般的下來。」

謂解：乾峯是洞山良价的法嗣，他和雲門親近破究的很久。和雲門曾經商量三種病的原。這一則是無門關的最後一則。一則是有一則的方法，雖然各則都是同一意義，但是由我們來看有容易看懂的也有難以看懂的。這一則比較不容易看懂的一則。禪本來是無階級的，但在學者的方面自己有造詣的深淺，所以把這一則放在了最後，多少也不是沒有意義的。

「十方薄伽梵。一路涅槃門。未審。路頭在甚麼處。」十方到處皆有佛法。並沒有一種是可厭之法。登山是多條道路，並不是限於一條。一路是相同之道，無有遠近。涅槃是圓寂，即是滿足之義。登到了不二山山頂，則十方一目瞭然。則無一人不知，不二山可以謂之多知山。

薄伽梵是佛的列名，此佛有義，自在熾盛、端嚴、名稱、吉祥和尊貴。路頭由那裏踏出好呢？如果到處是涅槃門，那就不應當有出入了。這僧人可以說是明目盲。這等於是皇宮之前問皇宮。「峯拈起拄杖劃一劃云：在者裏。」這就是說到處都是。那麼的也好。劃一劃是橫着棒子來畫圈，者裏是在這裏面。到處都是者裏，無處不是者裏用不到拈起劃圈。「後僧請益雲門。門拈起扇子云。扇子踍跳上三十三天。著着帝釋鼻孔。東海鯉魚打一棒。雨似盆傾。」僧人在老和尚面前到底不得明白，於是請敎他的高足弟子雲門。雲門勝過了老和尚，給他看出了大的當體。這扇子跳出到了須彌山頂上的三十三天（忉利天）上面，著着那裏的主人公帝釋天的鼻孔。由三十三折下來打着了東海龍宮裏面的鯉魚，在一擊之下，便大雨傾盆的下來。不但是如此，這扇子還可以做成有節奏的三臺舞曲，由扇子裏發出來美妙的歌聲，這都是在忘了自己（無我）之上的談話。這一句是殺了自己，只有在捨身之下的生殘者，才給他冠上佛的名子。

拈提：無門曰。一人向深深海底行。簸土揚塵。一人於高高山頂立。白浪滔天。把定放行。各出一

有向上的絕竅。

釋義：未曾邁步已經先達到了。未動舌頭先說出來了。縱然對得了著著佔盡機先的便宜，須知更還

頌：未舉步時先已到。未動舌時先說了。直饒著著在機先。更須知有向上竅。

分上的抑揚之妙。「惣」是總字，這一字關係的很寬應當好好的注意。

沒有得到正當的修行，爲什麼呢？知道而不能說的東西，說出來了。這是無門用盡畢生的勇氣，對師家

老。惣未識路頭在。」在這多僞的浮世，再沒有像兩位老人的正直的了。但是由我的眼光來看，兩老還

制勝。無門對於「把住」和「放行」一概都給奪去了，偉大偉大！「世上應無直底人。正眼觀來。二大

這正好像是兩個小孩勢均力敵的在兩方面額與額相抵觸，無論是可感或是可笑，那一方面都是想要克敵

似兩個馳子相撞着。」這是兩老特意的用出手腕，爲了阻敵特助一臂之力，這是爲了宗乘應盡的力量。

立一塵，到底是僧人的思慮所不及處。一切捨棄才能成爲對手。「把定放行。各出一隻手。扶豎宗乘大

。佛事門中是不捨一法的。第二句是雲門的底，是把住了向上門，是有殺才能夠有生。實際上是理地不

講解：第一句是乾峯的底，「在這裏」顯示出來向下，向下是放行門。表現出種種簸土揚塵的樣子

樣正相的人了。但是用正眼來看，這兩位大老人，還都不曾認識路途的所在吧！」

天。無論是把住與放行，都各各伸出來一隻手。扶豎宗乘，好像兩個小孩子相撞着。世上應當再沒有這

釋義：無門說：「一個人在海底深處行走，弄的簸土揚塵，一個人在高高山頂站立，帶起來白浪滔

隻手。扶豎宗乘。大似兩箇馳子相撞着。世上應無底人。正眼觀來。二大老。惣未識路頭在。

講解：十方世界到處是本家鄉，更有什麼向前進步。雀聲啾啾，鴉聲呱呱，古今來同音未變。困睡飢食，又何疑焉。更又有何法可說？乾峯雲門把放工作雖有韜略，但是仍不免是遲了八刻。「直饒著著機先。更有向上絕竅。」縱然你知道了「在這裏」，這可以說你在日用光中一手一手的制在機先，可是在衲僧門下看來，你還未能許可成爲了「全提。」在我處更有向上的一著絕竅。無論那一個人要是掉到了裏面，就沒有不喪身失命的。何以爲驗呢？這正是：「火裏蝍蟟咬大蟲。」蝍蟟是蟈蟈蟲，大蟲是老虎。

乾峯說：「法身有三種病二種光，更須知有向上一竅。」打破這公案的窠窟，是無門的血滴結晶。「竅」是孔，萬物出入之義。

國家圖書館出版品預行編目資料

禪宗無門關／（宋）無門慧開禪師撰；聖參編譯. --
1 版. -- 新北市：華夏出版有限公司, 2022.06
面； 公分. -- (Sunny 文庫；221)
ISBN 978-986-0799-92-7(平裝)
1.CST: 禪宗 2.CST: 佛教修持

226.65 111000381

Sunny 文庫 221
禪宗無門關

著 作 （宋）無門慧開禪師
編 譯 聖參
印 刷 百通科技股份有限公司
電話：02-86926066 傳真：02-86926016
出 版 華夏出版有限公司
220 新北市板橋區縣民大道 3 段 93 巷 30 弄 25 號 1 樓
電話：02-32343788 傳真：02-22234544
E-mail： pftwsdom@ms7.hinet.net
總 經 銷 貿騰發賣股份有限公司
新北市 235 中和區立德街 136 號 6 樓
電話：02-82275988 傳真：02-82275989
網址：www.namode.com
版 次 2022 年 6 月 1 版
特 價 新台幣 300 元 (缺頁或破損的書，請寄回更換)

ISBN： 978-986-0799-92-7

《禪宗無門關》由常春樹書坊同意華夏出版有限公司出版

尊重智慧財產權・未經同意請勿翻印 (Printed in Taiwan)